ALMAH

Après une carrière dans la communication, Catherine Bardon se consacre désormais à l'écriture et partage son temps entre la France et la République dominicaine. Elle est l'autrice de la saga *Les Déracinés* qui s'est vendue à plus de 600 000 exemplaires et qui a été distinguée à de nombreuses reprises, notamment par le Prix Wizo et par le Festival du premier roman de Chambéry en 2019. En quelques romans, Catherine Bardon s'est imposée comme une voix puissante du paysage romanesque français. En 2024, elle a remporté le prix La Boétie pour *La Fille de l'ogre*. Ses ouvrages ont été traduits dans plusieurs langues.

De la même autrice

République dominicaine : Terre métisse, avec Denis Verneau, Géorama, 2010.

L'Extraordinaire histoire de Masevaux et de sa vallée, dessins de Sylvain Bouillet, Éditions du Signe, 2014.

Les Déracinés, Les Escales, 2018 ; Pocket, 2019.

L'Américaine, Les Escales, 2019 ; Pocket, 2020.

Et la vie reprit son cours, Les Escales, 2020 ; Pocket, 2021.

Les Déracinés, dessins de Winoc, Philéas, 2021.

Un invincible été, Les Escales, 2021 ; Pocket, 2022.

Amérique latine, avec Guillaume Chérel, Laure Limongi, Olivier Liron et Mélanie Sadler, Plon, 2022.

La Fille de l'ogre, Les Escales, 2022 ; Pocket, 2023.

Dictionnaire insolite de l'Équateur, avec Olivia Black, Cosmopole éditions, 2023.

Une femme debout, Les Escales, 2024.

Catherine Bardon

ALMAH

UNE JEUNESSE VIENNOISE
1911-1932

LES ESCALES

92, avenue de France
75013 Paris – France
Courriel : contact@lesescales.fr

ISBN : 978-2-36569-917-4
Dépôt légal : octobre 2024
Imprimé en France

Couverture : Hokus Pokus Créations
Mise en pages : Nord Compo

« La jeunesse a toujours raison,
qui l'écoute est sage. »

Stefan Zweig

« Comme les années de jeunesse sont longues,
comme elles sont fécondes ! »

Franz Werfel, *Le Passé ressuscité*

« Êtres humains, légumes ou poussière d'étoile,
nous dansons tous au rythme d'un air mystérieux
joué au loin par un joueur de flûte invisible. »

Albert Einstein

Avril 1911
C'est une petite fille

Le docteur Julius Kahn tournait en rond. Le rez-de-chaussée empestait la fumée âcre des cigares qu'il mâchonnait sans relâche depuis des heures. Hannah avait refusé son assistance. Il ne manquerait plus que ça. Que son mari qui l'adulait la voie, corps en sueur, cheveux collés aux tempes, joues rouges d'effort, visage crispé, bouche déformée par la douleur. Pas question. C'était son combat. Et puis la présence du mari complique toujours les choses. Hannah luttait pour donner la vie dans une chambre du premier étage sous l'autorité d'un confrère de Julius et d'une infirmière.

La grossesse était arrivée à son terme sans la moindre alerte. Hannah se portait bien, le bébé aussi, il n'y avait aucune raison de s'inquiéter. Même l'âge un peu avancé de la future mère n'était pas un problème puisqu'il ne s'agissait pas d'un premier accouchement. Pourtant Julius, soucieux, arpentait les pièces du bas de la villa, de la salle à manger à son bureau, de son bureau au grand salon en passant par le petit, une pause dans la réception au pied de l'escalier qui menait aux chambres, et retour.

Lassé de ces déambulations, il se dirigea vers le guéridon Biedermeier qu'il adorait, un cadeau datant de son mariage avec Hannah. Il caressa avec délicatesse le plateau en merisier. Les années passaient, les temps se faisaient plus difficiles, mais les jolies choses restaient, immuables, belles. Il récupéra sur le meuble un vieux numéro de la revue *Ver Sacrum*. C'était l'organe officiel de la Sécession viennoise, créé en 1898 par son ami le peintre Max Kurzweil et Gustav Klimt, l'année même où ce dernier avait achevé le portrait sur lequel son regard s'arrêta un instant. Il datait de la période florale de la sécession viennoise. Assise au bord d'un fauteuil, Hannah en robe de mousseline blanche le regardait et s'apprêtait à quitter son cadre doré pour le rejoindre. Qu'elle était belle, son épouse ! Ce visage de madone rehaussé par une flamboyante chevelure blonde, ces lèvres pleines, ce nez droit, ces grands yeux limpides. Elle avait été, elle était toujours, l'une des plus belles femmes de Vienne.

Julius se laissa choir dans un fauteuil pour feuilleter sa revue. Il en avait été un des fidèles abonnés jusqu'en décembre 1903, date de la fin de la parution. Deux couronnes pour quarante pages illustrées, ce n'était pas cher payé, se rappela-t-il avec nostalgie. Il essaya de se concentrer sur le numéro qu'il avait en main. C'était le neuvième, daté d'octobre 1898. À l'occasion de la sixième exposition de la Sécession, on y retraçait mille ans d'art japonais. Mais l'art nippon n'y put rien, le docteur Kahn était avec Hannah, au premier étage de leur maison.

— *Mazel Tov !*, Monsieur, *Mazel Tov !* C'est une petite fille ! Elle est magnifique !

Les cris de joie de Teofila résonnèrent dans l'escalier qu'elle dévalait. Toute la tension des dernières heures s'évapora dans l'instant. Sans retenue, la domestique se jeta dans les bras de Julius qui la serra contre lui avec émotion. Au diable les conventions ! Aujourd'hui était jour de fête.

— J'ai compté, dix petits doigts, dix petits orteils. Votre fille est parfaite, Monsieur

— Et Hannah ?

— Tout s'est bien passé, Madame se repose.

Julius reprit le contrôle de ses émotions. Il chargea Teofila de commander un bouquet de trente-six roses blanches chez Ziegler, le fleuriste le plus cher de Vienne, ainsi qu'une grosse boîte de chocolats chez Demel, la chocolaterie préférée d'Hannah, celle de la famille impériale et de la cour, précisait-elle chaque fois qu'elle en rapportait un paquet, et il chargea Alois, son chauffeur, d'aller les récupérer. Puis il grimpa jusqu'à l'étage, changea de chemise et de gilet car il empestait le tabac et ne voulait pas incommoder Hannah, et il frappa à la porte de la chambre de sa femme.

C'était une petite fille vigoureuse.

— Elle a vos yeux, très chère, remarqua Julius.

— Enfin Julius, ce n'est pas moi qui vais vous apprendre que tous les nouveau-nés ont les yeux bleus. Il est bien trop tôt pour savoir de qui elle tient.

Le bébé se mit à geindre en crispant ses poings minuscules. Sa petite bouche rouge s'arrondit et elle commença à hurler.

— Elle a faim, laissa tomber Hannah.

Des larmes silencieuses roulèrent sur ses joues. Julius lui tendit un mouchoir mais le flot ne tarissait pas.

— C'est le contrecoup, s'excusa-t-elle, mais je suis si heureuse !

Ses paupières frémirent pour se fermer sur son épuisement. Julius se délesta du nourrisson dans les bras de Teofila. La nourrice recrutée grâce à ses bons soins, sur les recommandations d'une voisine, attendait dans la pièce voisine.

Julius n'avait pas eu son mot à dire.

C'était Almah.

Ainsi en avait décidé Hannah.

En l'honneur d'Alma Mahler, artiste et figure féminine libre qu'elle admirait. Et avec un H final, comme à son propre prénom.

Julius était d'accord. Il était toujours d'accord avec les décisions de son épouse. Elle avait tenu à ce qu'ils ne choisissent pas de prénoms pour le bébé avant sa naissance. Cette naissance entourée de tant de craintes, d'angoisses, de précautions…

Hannah avait perdu un enfant, une première fille, une fausse couche à cinq mois de grossesse, huit ans plus tôt. Le choc avait été sévère. Mais elle était jeune et sa vitalité avait repris le dessus.

Lorsque son deuxième enfant, Oscar, né prématurément, était mort à six mois d'une scarlatine compliquée d'une diphtérie, Hannah avait sombré. Julius avait même, par période, craint pour la vie de son épouse.

Il avait gardé en mémoire le cas Anna O. qui avait fait école dans le milieu médical près de deux décennies plus tôt. Cette patiente du docteur Breuer avait été guérie de son hystérie au terme d'une cure psychanalytique, une première à l'époque. Les techniques avaient bien évolué depuis et le docteur Freud, disciple et ami de Breuer, avait affiné la méthode de son mentor pour en faire l'essentiel de sa pratique et asseoir sa renommée. Ses deux ouvrages, *L'Interprétation des rêves* et *Psychopathologie de la vie quotidienne,* trônaient en bonne place dans la bibliothèque de Julius qui s'était intéressé de près aux travaux de la Société viennoise de psychanalyse.

Il avait insisté pour qu'Hannah soit suivie par un thérapeute. Certes, elle n'était pas hystérique, mais ses sautes d'humeur, sa profonde mélancolie, ses brusques bouffées de joie, son mal-être permanent l'anéantissaient. Julius voulait l'amener sans qu'elle en prenne ombrage, sans la braquer, dans le cabinet du célèbre médecin. S'il y avait la moindre chance de guérir Hannah, au moins de la soulager, il ne pouvait, en tant que médecin, en tant que mari, la négliger.

Hannah avait donc consulté le docteur Freud. Un rendez-vous hebdomadaire au 19 Berggasse. Qui n'avait guère amélioré les choses au demeurant. Julius se tenait sur ses gardes en permanence. Quand il entendait sa femme jouer le lied n° 4, le *Chant pour des enfants morts* de Malher, ce n'était pas bon signe, et pire encore quand

Hannah le chantait. Puis venait un jour de sourire. Leur vie s'écrivait ainsi, des bas, des hauts, et encore des bas.

Jusqu'au jour où un nouveau bébé s'était annoncé. Hannah avait retrouvé sa joie de vivre en cultivant le frêle espoir de donner un autre enfant à son mari. Jamais grossesse n'avait été autant couvée, jamais épouse n'avait été autant choyée qu'Hannah Kahn durant toute cette période.

Elle ne voulait pas que Julius voie son corps déformé une nouvelle fois, elle n'était plus si jeune. La mort dans l'âme, Julius avait fait aménager une chambre face à la leur sous les directives de sa femme. Un immense lit, des fauteuils aux courbes gracieuses revêtus de velours bleu roi, un guéridon, un piano droit et son banc, un secrétaire et une large armoire, près des hautes fenêtres aux rideaux bleu clair une méridienne pour la lecture, le tout en bois blond… Hannah aurait pu y tenir un siège. Ils ne seraient pas si loin, disait-elle. Juste un couloir entre eux. Elle avait renouvelé sa garde-robe avec des tenues fluides et inventives qui masquaient ses rondeurs, elle avait modifié son alimentation jusqu'à devenir presque végétarienne, prenant la viande en dégoût. Elle avait renoncé à toute vie sociale dès que son état était devenu évident. Tout ce qu'elle désirait. Julius ne voulait la contrarier sous aucun prétexte.

La maison était retournée au silence. Teofila se dirigea à pas de loup vers le salon. Elle frappa à la porte, un coup discret, l'entrouvrit puis risqua une tête à l'intérieur.

— Monsieur a-t-il besoin…

Monsieur n'avait besoin de rien. Allongé sur la méridienne, Monsieur dormait du sommeil du juste, une revue ouverte sur les genoux. Un sourire béat flottait sous sa moustache.

1911
Deux cents bouteilles millésimées

Les premiers jours, ce fut le chaos à Hietzing.

La maison était sens dessus dessous, Madame ne quittait pas son lit et le bébé demandait une attention constante. Il avait fallu courir acheter le mobilier et le matériel de puériculture, un lit, une baignoire, une table à langer, une armoire, des couches, des langes, des brassières, des robes et *tutti quanti*. Car Hannah, pétrie d'angoisses, avait refusé d'acheter quoi que ce soit avant la naissance. Une précaution stupide selon Julius, qui avait pourtant respecté la volonté de sa femme. Ce fut donc un Julius un peu dépassé qui lança des ordres en urgence. Teofila avec son bon sens méthodique se chargea de la logistique, aidée par Alois. La nourrice prit ses quartiers dans une nursery aménagée dans une chambre du premier étage. Une bouche de plus à nourrir, bougonnait Teofila, nécessaire donc tolérée, mais qu'elle n'accapare pas le bébé et qu'elle ne s'avise pas de faire du gringue à Alois.

Un grand vide avait envahi Hannah qui accusait mal l'épreuve de la délivrance. Et maintenant ? Maintenant elle était responsable d'une vie, celle de son enfant, cet enfant que Julius avait tant désiré. Elle savait d'ores et déjà qu'elle ne serait pas à la hauteur. Elle avait failli par deux fois déjà. Mais elle savait aussi avec certitude que si un nouveau malheur advenait, elle en mourrait. Elle tâcherait de faire de son mieux. Julius lui enjoignait de ne pas quitter le lit, leur fille était entre de bonnes mains, celles de Teofila, en adoration jubilatoire devant le bébé, qu'elle appelait déjà en son for intérieur Yingele[1] et celles de Lottie, sa nourrice.

Milena Khitrov, la mère d'Hannah, accourut dès qu'elle apprit la nouvelle. Almah était de loin la plus jeune de ses petits-enfants et, sans doute, la dernière. Elle gâtifiait et avait très vite fatigué sa fille de ses conseils. Hannah qui n'avait pas la force de se lever et d'affronter la journée qui commençait. Le matin, elle se faisait apporter le bébé, le prenait dans ses bras, admirait en silence le petit visage pâle, les tempes translucides où battait un lacis de veines bleutées, les paupières closes, les longs cils noirs qui jetaient une ombre légère sur le velours des joues, les petits poings enfermés dans des moufles de laine qui protégeaient le visage des griffures. Elle en dénouait les rubans, les enlevait, dépliait un à un les dix petits doigts. Ils étaient tous là. Le nez, à peine une petite bosse sur le visage. C'est un bébé parfait, ne cessait de répéter Teofila. Le premier jour Hannah avait voulu la voir toute nue, pour en être sûre. En effet, malgré ses cuisses de grenouille, Almah était parfaite. C'était un merveilleux

1. « Mon tout-petit » en yiddish.

cadeau de la vie, une victoire sur l'adversité. La malédiction avait-elle rendu les armes ? Hannah passait une quinzaine de minutes le nourrisson blotti contre sa poitrine, respirait son odeur de lait et de savon, embrassait son petit crâne chauve où se dressait un toupet de duvet brun, pressait son visage contre le sien. Puis elle tendait Almah à Teofila qui trottinait en direction de la nursery.

— Madame ne peut pas s'occuper du bébé. Elle est trop faible, déclarait-elle à la nourrice qui portait l'enfant à son sein puis la berçait avant de la recoucher.

Les jours passaient et Hannah ne s'animait toujours pas. Elle qui n'avait jamais vomi, pas eu de nausées, qui ne s'était jamais aussi mieux portée que pendant cette grossesse tardive, pourquoi se sentait-elle si mal maintenant que son bébé était là ? Les fameuses joies de la maternité viendraient-elles plus tard ? Elle quittait à peine son lit, faisait monter ses repas dans sa chambre, picorait dans son assiette qu'elle renvoyait sans y avoir touché, et replongeait dans un état d'hébétude qui ne laissait pas d'inquiéter Julius. Il était médecin, il connaissait cet état d'abattement consécutif aux couches. Mais sachant la santé psychique de sa femme fragile, il ne pouvait s'empêcher de s'alarmer.

Il réussit toutefois à arracher un vrai sourire à Hannah le jour où il lui annonça avoir commandé chez un récoltant de champagne français deux cents bouteilles millésimées de l'année de naissance d'Almah.

Almah qui allait devenir le ciment de leur amour, le sujet de leurs inquiétudes, leur lumière, leur émerveillement, leur part de bonheur, leur avenir.

1911
Un amour sans avenir

Malgré leur grande aisance financière et la somptueuse demeure que leurs familles leur avaient offerte dans le quartier bourgeois de Hietzing à l'occasion de leur mariage, Julius et Hannah étaient d'accord : ils n'avaient nul besoin d'un train de vie digne d'un empereur.

Ils n'employaient donc qu'un jardinier, Alois, qui était aussi chauffeur et, à l'occasion, homme à tout faire. Quand le besoin s'en faisait sentir, au printemps pour la taille des arbres et des massifs et pour la tonte des pelouses, à la fin des beaux jours pour rentrer les arbres en pots dans le jardin d'hiver et pour déblayer la neige, des journaliers lui prêtaient main-forte. Âgé d'une cinquantaine d'années, Alois était veuf et sans enfants. Une mauvaise grippe avait emporté son épouse que Julius et Hannah n'avaient pas connue. Il vivait dans une dépendance au fond du jardin, un pavillon de chasse miniature qu'il avait aménagé et isolé par une haie de troènes toujours parfaitement entretenue. Avait-il des aventures ? C'eût été normal pour un homme de son âge et de sa vigueur. Parfois il prenait des congés, un jour ici ou là, et des vacances en été, mais jamais ni Julius ni Hannah n'avaient vu une silhouette féminine dans les parages. Alois était un homme dévoué, fidèle et discret.

Teofila les avait rejoints dix ans plus tôt, remplaçant une vieille domestique qui avait pris sa retraite. Elle était alors âgée de dix-huit ans et venait, comme beaucoup de jeunes filles qui cherchaient une place, de sa lointaine Galicie, une province orientale aux confins de l'empire. À l'inverse de la plupart des Juifs originaires de cette contrée, ce n'était pas la pauvreté qui l'avait amenée à Vienne, mais l'attrait que la capitale impériale exerçait sur les jeunes avides d'avenir. Dernière enfant d'une fratrie de six, Teofila était née à Boutchatch, une bourgade prospère où s'étaient développées de nombreuses industries, fabriques de briques, de bougies, de savon, des moulins à farine, des usines textiles et même une brasserie. Sa mère était morte en la mettant au monde. Son père, un modeste chapelier qui possédait son propre atelier, lui avait appris les rudiments de la couture. Teofila parlait yiddish, ukrainien et des bribes d'allemand glanées ici et là. Elle se sentait ukrainienne, austro-hongroise et surtout juive. Au tournant du siècle, elle avait trouvé un emploi dans la fabrique de jouets en bois de sa ville natale, mais ce travail aux gestes répétitifs ne la satisfaisait pas. Elle voulait connaître les fastes de Vienne dont ceux qui revenaient en visite dans leur famille parlaient avec des étoiles dans les yeux. Rien ne la retenait à Boutchatch où vivaient ses aînés assez nombreux pour s'occuper du père en cas de nécessité. Teofila était partie avec l'enthousiasme de sa jeunesse, accueillie par une cousine qui habitait dans une communauté juive de la banlieue viennoise. Une recommandation, des relations, nul ne savait plus comment elle avait atterri chez les Kahn, où le poste de domestique qu'on lui proposa l'avait séduite. Le salaire et le logis aussi. Et puis, Madame et Monsieur avaient l'air si gentils. Son visage, qui gardait encore les rondeurs de l'enfance, son sourire modeste et la vivacité de son regard avaient inspiré confiance à Hannah. Ce serait une bonne action que de donner du travail à cette jeune fille, une sorte de *mitzvah*.

Teofila avait soutenu Madame dans sa longue maladie nerveuse après la mort tragique du petit Oscar. Elle l'avait visitée chaque jour au sanatorium privé d'Inzersdorf où Hannah avait été internée à deux reprises. Pendant ses hospitalisations, Teofila prenait soin de Julius, elle le dorlotait comme un enfant. Avec les années, elle avait appris à rester attentive à la moindre des sautes d'humeur de sa maîtresse, n'hésitant pas à prévenir Monsieur si elle avait un doute.

Hannah la présentait volontiers comme « notre gouvernante ». À vrai dire, Teofila ne gouvernait pas grand-chose ni personne, mais elle tenait ferme les rênes de la maison. Sur elle reposait le quotidien du couple. Elle faisait les achats, la cuisine, le ménage. Comme pour Alois, on lui adjoignait de petites mains à chaque changement de saison, pour le grand nettoyage de printemps, à l'automne quand il fallait ressortir les équipements d'hiver et aérer les garde-robes, quand il fallait préparer les malles pour un voyage ou quand Madame recevait en grand. Si elle prenait plaisir à diriger les grandes manœuvres, Teofila n'avait jamais demandé d'aide pour le train-train quotidien, trop jalouse de rester la seule personne de confiance de la maison. Avec Alois, bien sûr. Mais elle s'estimait plus importante que lui car elle connaissait l'intimité de Madame et de Monsieur. Et plus encore maintenant que le bébé était né. D'ailleurs, c'était elle qu'on avait chargée de recruter et d'encadrer la nourrice qui allait veiller sur les premiers mois de vie de la petite Almah.

Teofila se sentait à sa place, respectée, aimée, du moins rien ne lui laissait penser le contraire. Elle aimait quand Hannah, cette grande et belle dame que des peintres avaient prise pour modèle, l'appelait « ma fille », elle prévenait le moindre de ses désirs, se désolait de ses périodes de spleen, se réjouissait quand elle allait mieux. Elle aimait la bonhomie de Monsieur, sa politesse, ses égards.

Hannah disait parfois « Ma fille, on lit en vous comme dans un livre ouvert », ce en quoi elle se trompait. Car Teofila taisait un secret. Elle aimait Alois. Elle croyait bien en être tombée amoureuse dès le premier jour de son entrée au service des Kahn. Elle le lorgnait quand il jardinait en manches de chemise, observant du coin de l'œil la musculature que dessinait sa chemise. Et s'il relevait ses manches, alors là, elle se pâmait à moitié. Elle trottinait vers lui, un verre d'eau en équilibre sur un plateau. Ils n'avaient guère d'occasions de passer un moment ensemble, sauf à Noël quand Madame et Monsieur déjeunaient avec eux et leur offraient leur cadeau annuel. Parfois, Teofila accompagnait Madame pour ses emplettes. Elle s'asseyait alors à côté d'Alois sur la banquette avant de la voiture et s'imaginait qu'ils étaient un couple. Enfin, tout ça n'était que vaines rêveries. La tête sur le billot, Teofila n'en aurait rien dit. Car c'était là un amour sans avenir. Elle n'aurait jamais osé faire le moindre pas en avant. Alois était bien plus âgé qu'elle. Il était protestant. Et elle juive. Alors... Alors rien, justement. De toute façon, maintenant que le bébé était là, elle allait être si occupée que ses sentiments pour Alois passeraient au second plan. Il lui fallait faire toute la place dans son cœur pour Almah.

Alois, de son côté, se morfondait. Car il la trouvait à son goût la gentille Teofila. C'était une brave fille sans une once de méchanceté et bien plus fine mouche qu'elle ne le laissait voir. Cela, il l'avait bien compris. Il n'était pas insensible à ses rondeurs de bon aloi, ni à son joli sourire. Et sa cuisine, un véritable régal ! Mais jamais il n'aurait osé la courtiser. Elle était beaucoup plus jeune que lui, et bien sûr elle était juive. Son accent un peu rugueux ne le gênait pas. Mais ces expressions de yiddish qui lui échappaient parfois ! Non, il n'y avait rien à espérer de ce côté-là.

1913
La femme dans le jardin

Ce soir-là, des accords de piano accueillirent Julius. Dès la porte franchie, il reconnut le lied de Schubert. *Le Pâtre sur le rocher*[2]. Ces notes gaies qu'Hannah jouait le projetèrent un vendredi soir du printemps 1895, dans le salon de Madame von Hellendorf où le gratin artistique de la capitale se retrouvait, musiciens, librettistes, écrivains, philosophes, poètes... Comme dans tant d'autres cercles privés, on y philosophait, on y parlait musique, littérature, peinture et politique, droits des femmes et socialisme, et surtout on y écoutait de la musique. Julius y avait croisé quelques célébrités... S'il ne faisait pas tout à fait partie de cette élite, Julius était un de ces jeunes mécènes qui soutenaient les artistes et un parti non négligeable, ce qui ne manquait pas de faire de lui un homme intéressant.

2. *Der Hirt auf dem Felsen* (*Le Pâtre sur le rocher*) de Franz Schubert est un lied pour soprano, piano et clarinette ou violoncelle composé en 1828. Il existe des arrangements pour violon à la place de la clarinette ou du violoncelle.

La maîtresse de maison l'avait accueilli avec empressement.

— Cher docteur Kahn, comme c'est gentil à vous d'abandonner votre pratique pour nous rejoindre.

— Tout le plaisir est pour moi. Vous m'avez tant vanté ce récital...

— Maria Hertwig nous fait l'honneur de sa première apparition en public depuis qu'elle a décroché son prix au conservatoire. Elle est accompagnée au piano par Hannah Khitrov, la cadette d'une riche famille de banquiers. Et au violon, vous ne devinerez pas qui nous honore de sa présence. Natalie Bauer-Lechner en personne ! Elle est venue en amie. J'espère que vous apprécierez. Vous allez la trouver charmante, notre jeune soprano, j'en suis sûre !

— Je n'en doute pas, répondit Julius en se délestant de son haut-de-forme et de sa redingote.

— Elles viennent tout juste d'entamer *Le Pâtre sur le rocher*, chuchota Madame von Hellendorf à son oreille. J'ai demandé à ce que le violoncelle soit remplacé par un violon, à cause de la position un peu... déplacée pour une femme, vous comprenez...

Julius acquiesça en se laissant guider vers le salon avec curiosité. La réputation de marieuse de Madame von Hellendorf, qui se faisait fort d'assortir les cœurs, n'était plus à faire. Les rangs étaient resserrés autour d'un trio féminin, pianiste, violoniste et chanteuse.

La jeune soprano avait en effet une voix d'un timbre exceptionnel, cristalline et bien modulée. Elle était jolie, ce qui ne gâchait rien. Mais ce fut le spectacle de la pianiste qui fascina Julius. Elle ressemblait à un Klimt avec son visage aristocratique aux traits fins, ses joues rosies, son nez droit à peine retroussé, son chignon blond, lâche sur la nuque, d'où s'échappaient quelques mèches folles. Elle avait la fraîcheur de *La Femme dans le jardin*, un portrait du peintre qu'il affectionnait. Son corps et sa tête oscillaient pour accompagner le rythme. Elle jouait avec virtuosité et conviction, comme si sa vie en dépendait. Une boucle s'invita sur son front. Quand elle avança la lèvre inférieure, un réflexe enfantin, et souffla pour la déloger, sans rien perdre de sa concentration, Julius fut piqué au cœur. Le lied se termina. Les mains de la jeune femme retombèrent sur ses genoux, elle relâcha ses épaules avec un grand soupir, puis lança un sourire comblé aux invités qui applaudissaient avec enthousiasme. Julius était incapable de la quitter des yeux. Quand leurs regards se croisèrent, il sentit ses jambes flageoler. Il comprit soudain qu'il la dévisageait avec une avidité et une gourmandise très perceptibles et se retrancha vers le fond de la pièce, tandis qu'Elise von Hellendorf présentait les jeunes artistes qui s'étaient levées et inclinaient la tête en guise de salut. Julius ne retint qu'un nom : Hannah Khitrov.

Prétextant une intervention chirurgicale le lendemain matin, Julius avait écourté la soirée et sauté dans un fiacre, rempli d'une étrange allégresse. Hannah, Hannah Khitrov, le nom dansait dans sa tête. Lui, le rationnel, le scientifique, il ne se reconnaissait pas. C'était donc ça un coup de foudre ? Il se promit que dès le lendemain il entamerait sa cour, concerts, opéras, théâtre, corso fleuri, jardins du Belvédère, il ne laisserait rien au hasard. Il venait de décider d'épouser Hannah Khitrov.

Julius revint sur terre et entra dans le salon. Hannah avait-elle choisi ce lied à dessein ? Levant la tête du clavier, elle lui sourit. Elle semblait sereine et apaisée. Il s'approcha et baisa le sommet de son crâne, ses lèvres se perdant dans la mousse de la chevelure. Dix-huit ans plus tard, il était aussi amoureux de sa femme qu'aux premiers jours, cette femme qui, à ses yeux, incarnait tout le mystère féminin.

Depuis peu, Hannah avait repris le chemin de la Berggasse pour complaire à son mari qui espérait que ces rendez-vous l'aideraient à dominer son mal-être. Elle s'efforçait de rassurer Julius et de se convaincre des bienfaits de ces consultations avec le docteur Freud. Elle lui avait décrit l'immeuble, massif et bourgeois, la façade, austère, égayée de quelques guirlandes de pierre avec des lions et des bustes sur les étages supérieurs, le porche surmonté d'un tympan aux allures grecques, l'escalier large éclairé de superbes vitraux...

— Nos séances sont supposées être un espace privé entre lui et moi, mais je n'ai aucun secret pour vous, Julius. Je m'allonge à demi sur un divan, au-dessous d'une reproduction du temple d'Abou Simbel. Lui s'assied dans une bergère, me tournant le dos, je ne le vois pas, et le voyage commence dans le labyrinthe de mon esprit. J'évoque mes rêves, j'y associe des images de mon enfance, de souvenirs avec ma mère et de notre fils. Penser à Oscar dans la pénombre de cette pièce, dans ce cadre intime me soulage. Chaque fois que je sors de chez lui, je me sens allégée d'un poids, moins coupable...

J'espère que nous trouverons l'origine de la maladie de mon âme… Voulez-vous que je vous rejoue ce lied en entier ? Ne vous rappelle-t-il rien ?

Pour toute réponse, Julius s'assit à côté d'Hannah sur le banc de pianiste et l'enlaça.

29 juin 1914
Une bombe et deux coups de revolver

La nouvelle s'était répandue comme une traînée de poudre dès la veille au soir. Julius, soucieux, épluchait la presse de ce lendemain de tragédie. La *Neue Freie Presse*, le *Kronen Zeitung*, le *Wiener Zeitung* racontaient tous, à peu de chose près, la même histoire.

L'archiduc héritier d'Autriche François-Ferdinand et sa femme ont été assassinés hier à Sarajevo, en Bosnie, titrait la *Neue Freie Presse. Ils avaient échappé à une bombe et c'est en allant visiter les blessés de ce premier attentat qu'ils furent tués à coups de revolver.*

Les criminels sont un typographe de vingt et un ans et un étudiant de dix-neuf, deux nationalistes serbes.

« Sur cette terre, rien ne m'aura été épargné » a déclaré l'empereur François-Joseph en apprenant la triste nouvelle.

Ils évitent une bombe et quelques instants plus tard périssent sous les coups de revolver de Gavrilo Princip, un étudiant nationaliste serbe.

Une bombe et deux coups de revolver.

C'était une très mauvaise nouvelle, mais rien que de très prévisible. Depuis des années les tensions nationalistes exacerbées laissaient présager le pire. Et le pire venait de se produire. Pour autant les Autrichiens ne montraient pas de réelle affliction, plutôt un soulagement contenu : François-Ferdinand n'était guère aimé, on lui préférait l'archiduc Charles, le nouvel héritier du trône.

Pour l'heure, malgré tout, c'était la sidération, avant que ne commence le temps du deuil imposé. En quelques heures les principales artères de Vienne se drapèrent de noir et les églises sonnèrent le glas en hommage aux défunts. Les journaux s'indignèrent de l'attentat et publièrent leurs nécrologies. Une foule immense s'était massée devant le palais impérial. Après les obsèques à Vienne, le couple fut transporté jusqu'à la chapelle funéraire du château d'Artstetten. On prétendit que c'était là la volonté du défunt François-Ferdinand.

— Dire qu'ils allaient inaugurer un musée, soupira Hannah.

— Ils assistaient surtout à des manœuvres militaires, précisa Julius.

— Ils ne seront pas inhumés dans la crypte impériale de la chapelle des Capucins, parmi les autres Habsbourg, avec une tête de mort en bronze sur leur sarcophage, remarqua Hannah en fermant le journal de ce 5 juillet. Ils ont dû se marier à la sauvette et elle n'avait même pas le droit de s'asseoir à côté de lui dans la loge impériale du théâtre, ni de voyager dans la voiture impériale. Elle n'aurait pas dû monter avec lui dans ce fiacre...

— C'était le prix à payer pour avoir suivi l'inclination du cœur et choisi d'épouser la comtesse Sophie. Elle n'appartenait pas à une dynastie régnante.

— La maison Habsbourg est régie par des lois séculaires absurdes !

— Certes, mais cela n'a plus guère d'importance. Ce qui nous importe maintenant...

Chacun guettait la réaction de François-Joseph Ier, empereur d'Autriche, père de la nation, roi de Hongrie et de Bohême, roi de Lombardie-Vénétie, de Dalmatie, de Croatie, de Slavonie, d'Illyrie, de Galicie et de Lodomérie, grand-duc de Toscane, roi de Jérusalem et duc d'Auschwitz.

C'était certain, la riposte politique ne se ferait pas attendre. Il ne faisait pas de doute que le vieil empereur allait réagir de manière brutale, malgré ou à cause de son grand âge. L'avenir ne s'annonçait pas rose.

Pourtant Julius ne s'alarma pas outre mesure. La *Neue Freie Presse* avait déclaré : « On exagère beaucoup les retombées politiques de cet événement. » Cela l'avait rassuré.

Juillet 1914
Des enfants de bonne famille

— Attrape-moi, attrape-moi si tu peux !!!

Almah détala comme un lapin affolé par un épagneul, en poussant de petits cris stridents. Beau joueur, magnanime, Heinrich décida de lui laisser une confortable avance avant de s'élancer à son tour. Il ne força pas l'allure tandis qu'elle pédalait de toute la force de ses petites jambes. Elle n'avait que trois ans, il était bien plus grand qu'elle et n'aurait aucun mal à la rattraper. La fillette se faufila comme une anguille entre les tables du restaurant, au risque de renverser quelques verres. Des curistes s'écartèrent avec indulgence pour faciliter sa fuite, d'autres resserrèrent les rangs pour contrarier l'avancée de son poursuivant. Cette petite fille, son grand frère, ils étaient si attendrissants ! Au premier coup d'œil, on voyait que c'étaient des enfants de bonne famille, bien élevés, bien habillés. Ils étaient pleins de vie et turbulents, mais c'était l'été, les vacances, il fallait qu'ils libèrent leur trop-plein d'énergie. Almah avait dépassé les rangées de tables et galopait en direction de la forêt, laissant derrière elle la pelouse du parc thermal. C'était bien au-delà de la frontière que Julius lui avait assignée, hors de la vue des parents, mais Almah n'en avait cure. L'essentiel c'était de courir le plus loin, le plus vite possible, pour échapper à Heinrich. Soudain le garçonnet stoppa sa course et hésita, on leur avait interdit de s'éloigner au-delà, il allait passer outre. Lui toujours si obéissant. Almah se retourna, un sourire victorieux illuminait son visage. Pas question qu'elle gagne la course. Heinrich reprit sa poursuite. Ils se feraient disputer tous les deux, c'était certain. Lui plus qu'elle, parce qu'il était le plus âgé, parce que c'était toujours comme ça, elle l'entraînait dans des bêtises, et il se laissait entraîner ; à elle on pardonnait tout, elle était la plus petite, c'était une fille, tandis que lui... Heinrich décida de forcer l'allure, de la rattraper et de la ramener auprès de leurs parents.

— Mais où sont-ils donc passés ?

Hannah était debout au côté d'Hildegarde Heppner, la mère d'Heinrich, une main crispée sur la poignée de son ombrelle, l'autre en visière sur le front.

— Ne vous inquiétez pas, Hannah, ils ne peuvent pas être bien loin. Heinrich sait qu'il doit surveiller Almah et qu'ils ne doivent pas s'éloigner.

Hildegarde posa une main sur le bras d'Hannah et l'invita à se rasseoir. Celle-ci se laissa tomber sur son siège. Elle serait bien partie à la recherche des enfants, rien que pour échapper à la conversation de Julius et de Max Heppner.

— Les tensions nationalistes et ethniques s'exacerbent depuis trop longtemps. Les nationalités, la Serbie, la Roumanie, pour ne nommer qu'elles, s'opposent les unes aux autres. Les affrontements des Balkans nous entraînent dans une spirale qui pourrait bien nous mener à la guerre ! déclara Max.

— Vous y allez fort, mon cher. Certes, l'Autriche ne peut pas laisser impuni l'assassinat de l'héritier du trône. Pourtant, on ne peut pas dire que François-Ferdinand était très populaire, rien à voir avec Rodolphe, si moderne et si sympathique...

— Paix à son âme ! souffla Hannah, en repensant au double suicide du fils de Sissi et de Marie Vetsera, tout en scrutant la pelouse.

Almah allait la rendre folle. Cette enfant, on ne pouvait la contenir, elle avait trop de vitalité, elle désobéissait sans arrêt et n'en faisait qu'à sa tête. Dès qu'Heinrich la ramènerait, Hannah lui remonterait les bretelles. Ou plutôt, non, elle laisserait ce soin à Julius. Elle n'aimait pas réprimander sa fille.

— Non, je ne crois pas à la guerre, reprit Julius. Cependant, je dois confesser que je comprends les aspirations républicaines de certains, notre empire et son modèle de gouvernement ont peut-être vécu...

Hannah se laissa distraire de la discussion qui se fondit dans le brouhaha ambiant dominé par les notes joyeuses de l'orchestre du parc thermal. Heinrich revenait, penaud, tirant Almah par la main. Elle était à la traîne derrière lui. La première chose que vit Hannah, ce fut sa jolie robe jaune pâle toute maculée de terre et de traces d'herbe, puis elle remarqua les genoux écorchés d'Heinrich.

— Quand je l'ai rattrapée, elle s'est jetée en avant pour pas que je l'attrape et elle est tombée.

— Et lui, il est tombé sur moi, précisa Almah avec un rien de fierté. Je me suis pas laissé faire, ça non !

C'était vrai qu'elle s'était bien débattue, souillant sa robe, gâchant sa belle tenue d'été.

— Et je me suis fait mal, conclut Heinrich.

— Le tableau est complet, soupira Hannah. Julius, vous ne dites rien ?

— Ma chère, laissons-les s'amuser, on ne peut pas les garder en laisse à notre table.

— C'est vrai que vos conversations...

— Nos conversations ne sont certes pas des plus gaies, mais il convient de s'interroger. Comment va réagir notre vieil empereur ? Il ne peut pas continuer à ignorer les métamorphoses du monde !

— De grâce, messieurs, ne gâchez pas cette belle journée d'été ! Quant à ces garnements, ils vont s'asseoir, là, bien gentiment, et ne pas bouger pendant trente minutes, c'est leur punition, décréta Hildegarde.

Almah regagna son siège en jetant un regard pincé à Heinrich, il voulait toujours avoir raison, il ne savait pas jouer, pas selon ses règles à elle, il ne savait pas faire semblant. Il fallait toujours qu'il soit le plus fort, qu'il lui fasse sentir qu'elle était plus petite. Pfttt, elle en avait assez d'Heinrich. Elle lui adressa une grimace, croisa ses bras sur son torse menu et se mit à bouder.

— Tout de même, reprit Max, les mauvaises nouvelles s'enchaînent, jour après jour. Les manchettes des journaux sont de plus en plus alarmantes... Cet ultimatum de l'Autriche à la Serbie n'est pas de bon augure. Quant à la réponse serbe, ce n'est ni plus ni moins qu'une dérobade. Les échanges de télégrammes entre les monarques et les mouvements des armées ne laissent rien présager de bon... Serions-nous la grenouille de la fable, celle que Goltz[3] a ébouillantée à petit feu !

---

3. En 1869, Friedrich Goltz, physiologiste allemand, se livra à des expériences sur la sensibilité nerveuse, montrant qu'une grenouille décérébrée

Ce mois de juillet était radieux, un ciel bleu sans un nuage, un air tiède, la nature exubérante. Comme chaque année à la même époque, les Heppner et les Kahn passaient trois semaines de villégiature estivale à Baden. Comme Beethoven en son temps, aimait à répéter Hannah qui adorait la petite station romantique où la forêt vallonnée et touffue ne faisait qu'un avec la ville.

Les deux familles étaient amies de longue date, les femmes prenaient les eaux ensemble, leurs époux randonnaient à l'assaut des chemins qui serpentaient entre les vignes en discutant politique et économie, quant aux enfants, ils grandissaient comme frère et sœur. Les journées s'écoulaient gaiement, et personne, cet été-là, ne voulait croire à la guerre.

Le 28 juillet, un mois jour pour jour après l'assassinat de l'archiduc, l'empereur déclara la guerre à la Serbie, non sans s'être assuré au préalable du total soutien de l'Empire allemand.

Comme tous les estivants, les Kahn et les Heppner se hâtèrent de regagner Vienne dans l'affolement général. La gare de Baden était sens dessus dessous, on s'y bousculait sans ménagement, les trains étaient bondés. Oubliés la belle forêt vallonnée, la villégiature romantique, les échanges de bon aloi. À Vienne, la Westbahnhof était méconnaissable. Placardées sur tous les murs, des

---

reste inerte lorsque la température de l'eau dans laquelle elle se trouve augmente très progressivement.

affiches annonçaient la mobilisation générale. Les trains étaient réquisitionnés pour le transport des troupes. Ils eurent du mal à trouver un fiacre et croisèrent des hordes de jeunes recrues qui défilaient dans des uniformes flambant neufs sous les ovations d'une population enthousiaste. Une véritable déferlante. Partout des drapeaux, des pots-pourris de musique entraînante mêlant Strauss et Lehár, une électricité évidente dans l'air. La ville était en ébullition, comme devenue folle, portée par une déferlante de fraternité.

La guerre les avait rattrapés.

Cette guerre que personne n'avait voulue et que l'on acclamait aujourd'hui avec ivresse. Même les écrivains s'en mêlaient, publiant essais et poèmes aux accents patriotiques, où guerre rimait avec victoire.

Moins d'une semaine plus tard, par le jeu des alliances, l'Europe tout entière s'embrasait dans un conflit mondial.

1915
Sultan

Julius et Almah s'apprêtaient à passer à table pour le déjeuner. Hannah sommeillait encore dans sa chambre, Teofila lui porterait un plateau plus tard. Almah dévala l'escalier pour rejoindre son père, une poupée dans une main, une feuille de papier dans l'autre. Elle exhiba avec fierté le dessin qu'elle venait de terminer. À traits minutieux, elle avait exécuté une guirlande de quatre personnages. Julius se reconnut, avec son haut-de-forme c'était facile, puis Hannah avec son ombrelle, Almah s'était représentée avec ses nattes à rubans bleus. Elle tenait par la main… Ton poupon ? demanda Julius.

— Non, c'est mon petit frère.

— Tu n'as pas de petit frère !

— Mais j'en veux un.

— Ce n'est pas possible, ma chérie.

— Pourquoi pas ? Si on demande à la cigogne, elle nous l'apportera.

— Qu'est-ce que c'est que cette histoire de cigogne ?

— C'est Teofila qui m'a dit qu'elle apportait les bébés.

Julius comprit qu'une mise au clair s'imposait. À la fin de ses explications, Almah était au bord des larmes.

— Alors je n'aurai jamais de petit frère ?

— Non, ma chérie, mais tu as Heinrich, c'est comme un grand frère.

— C'est pas pareil, hoqueta Almah en retenant ses pleurs.

Son petit menton tremblotait et elle serrait contre elle son baigneur. Ses larmes se transformèrent en sanglots. Julius avait le cœur serré, culpabilisé par le chagrin de sa fille. Soudain, le petit visage fripé s'éclaira :

— À la place du petit frère, je pourrais avoir un chien ?

Refuser un compagnon de jeux à sa fille ? Les yeux d'Almah suppliaient. Julius hocha la tête et dans une impulsion, sans l'avoir voulu :

— Oui ma chérie, tu pourras avoir un chien.

— Un bébé chien, rien qu'à moi ! soupira Almah avec ravissement.

Elle passa tout le repas à pérorer sur ce qu'elle ferait avec son chien, les tours qu'elle lui apprendrait, les promenades en forêt, la chasse… Julius ne put placer un mot. Il quitta la maison sans avoir vu Hannah.

Assise face à sa mère devant son assiette de potage, Almah se trémoussait sur sa chaise, l'air réjoui.

— Mon bébé chien, je vais l'appeler Sultan[4] !

Hannah fronça les sourcils.

— Quel bébé chien ? De quoi est-ce que tu parles ?

— Papa a promis, je vais avoir un chien !

4. Nom d'un chien dans un conte des frères Grimm.

Hannah considéra Julius sans un mot. Son regard était éloquent.

— Très chère, je voulais vous en parler. Mais j'ai eu une rude journée aujourd'hui, trois opérations dont une... compliquée, et j'ai oublié.

— Vous avez oublié que vous aviez promis un chien à Almah ? Sans me consulter. Allons Julius, avouez plutôt que vous avez omis de me prévenir car vous saviez que je ne serais pas d'accord.

La contrariété d'Hannah était évidente, son ton sec. Le visage d'Almah se décomposa.

— Un chiot, vraiment ? reprit Hannah. Par les temps qui courent ? Nous avons déjà des difficultés pour nous nourrir correctement, alors un chien... Et notre jardin, vous avez pensé à mes plantations de roses, Julius ? Et aux crottes sur la pelouse, sans parler des trous. Un chien ça creuse des trous. Et ça sème ses poils partout, sur les tapis, sur les coussins...

— On choisira un chien qui perd pas ses poils, osa Almah, et...

— Tous les chiens perdent leurs poils, la coupa Hannah.

Puis, voyant le désarroi de sa fille, elle ajouta :

— Les poils, ce n'est pas si gênant. Mais il faudrait le dresser, lui apprendre à faire ses besoins, le promener, le faire soigner aussi, cela engendre des frais.

— Hannah, j'aurais dû vous prévenir. Je regrette. Mais Almah m'a dit qu'elle voulait un petit frère et nous avons transigé sur un chien.

Hannah se mordit la lèvre inférieure. Un petit frère... Elle ne voulait ni ne pouvait affronter les risques d'une quatrième grossesse à son âge. C'était sa faute. Sa fille était malheureuse, seule entre ses deux vieux parents.

Elle, Hannah, une mère absente, si fragile, si déficiente. Elle ne tenait pas bien son rôle, elle en était consciente. Et Julius qui tentait de compenser ses défaillances en gâtant leur enfant au-delà du raisonnable. Julius et sa bonté, sa patience, Julius et son indéfectible amour pour elles, jamais pris en défaut. Pour cacher ses larmes, Hannah se leva et se dirigea vers le piano. Elle plaqua ses mains sur le clavier. *Le Carnaval des animaux*[5], le mouvement vigoureux et pesant de l'éléphant. C'était de circonstance. Almah l'avait suivie en silence, sans demander l'autorisation de sortir de table. Elle se planta à côté du tabouret de sa mère.

— Parce qu'Heinrich, c'est peut-être comme un grand frère, mais c'est pas la même chose qu'un petit frère. Alors le bébé chien...

Hannah tourna son visage vers Almah, elle souriait, son sourire des bons jours.

— C'est d'accord, ma chérie. Tu l'auras ton bébé chien !

— Je vous promets Maman, il mangera pas vos fleurs, et je balaierai ses poils.

Almah se mit à bondir au rythme des accords du piano, des petits sauts de faon joyeux, en chantonnant Sultan, Sultan...

Julius se leva à son tour et vint enlacer sa femme, cette femme qu'il aimait de toute son âme. Ce soir-là, tandis que Julius rejoignait Hannah dans sa chambre, Almah fit un autre dessin, une guirlande de quatre personnages. Julius avec son haut-de-forme, Hannah avec son ombrelle, elle avec ses tresses à rubans bleus, au bout de sa main une laisse, et au bout de la laisse, un petit chien.

---

5. *Le Carnaval des animaux* est une suite pour ensemble instrumental de Camille Saint-Saëns, composée en Autriche en 1886.

Ce ne fut pas un chiot et il n'était même pas beau. Quand Almah le pointa du doigt dans le refuge pour animaux, Hannah souffla à Julius : « Non seulement ce n'est pas un bébé, mais elle choisit le plus vilain, maigre et tout pelé ! »

La fillette leva un regard déterminé sur ses parents, celui-là ! Julius tenta en vain de lui suggérer un autre animal. Non, c'est celui-là, c'est Sultan. Le corniaud battait de la queue avec enthousiasme en jappant, comme s'il n'avait fait que ça, attendre Almah. Entre elle et l'animal, c'était déjà une évidence, un pacte.

Sultan entra dans la vie de la famille Kahn, une bouche de plus à nourrir, se lamenta Teofila en silence. Sous les directives d'Almah qui surveilla le chantier, Alois construisit une niche en bois avec une porte et une fenêtre pour laquelle Teofila dut coudre un rideau. Hannah ne regretta jamais sa décision.

Hiver 1916
Monsieur Max

Son père lui avait tout expliqué et l'avait prévenue, ça allait être long et ennuyeux. Très ennuyeux même, mais c'était le prix à payer si elle voulait être aux côtés de ses parents dans le grand salon. Est-ce qu'elle le voulait ?

Almah avait hoché la tête. Oui, bien sûr, c'était même son plus cher désir, elle était d'accord, elle endurerait ce qu'il faudrait endurer. Comme une grande. Julius avait lâché un soupir de soulagement et adressé un clin d'œil à sa fille. C'était leur code secret pour dire que tout allait bien.

Alors elle avait demandé : Sultan pouvait-il être lui aussi dans le grand salon avec elle et ses parents ? Julius en avait parlé à son ami, non, un non définitif. Il la voulait elle, toute seule, et au fond Julius était d'accord avec lui, rien qui pût détourner l'attention. Almah, seule.

Teofila l'avait habillée. Sa robe blanche des grands jours, celle avec de la dentelle et un petit col qui lui serrait un peu le cou. Almah ne l'aimait pas trop, c'était difficile de courir dans cette tenue, mais aujourd'hui il ne s'agissait pas de courir… Elle avait enfilé des bas blancs, ça non plus elle n'aimait pas trop, ça grattait et les côtes laissaient des traces rouges sur ses cuisses. Pour les chaussures, Almah avait insisté, ses bottillons marron à lacets, ses préférés, qui ne faisaient pas mal aux pieds. Teofila était perplexe, on lui avait dit blanc. Elle avait demandé à Monsieur. On ne les verra sans doute pas. Ce serait dommage qu'elle ait mal aux pieds, et puis il sera toujours temps de la rechausser au besoin. Va pour les bottillons marron, Julius avait tranché.

La coiffure avait demandé beaucoup de temps. Teofila avait dessiné la raie, à gauche, bien droite, avec la pointe du peigne, elle avait brossé ses longs cheveux avec soin, ça tirait un peu, surtout aux pointes, puis elle avait façonné de belles anglaises avec le fer à friser, avant de fixer un petit nœud sur le côté droit. Almah n'aimait pas ça mais elle avait supporté, sans un mot, comme une grande, comme promis à son Papa.

Teofila lui prit la main et la conduisit dans le petit salon. Le monsieur était déjà là. Il l'attendait. Il avait une grosse moustache et presque plus de cheveux, juste un peu sur les côtés. Il avait l'air sévère. Almah se dit qu'elle n'aimerait pas du tout l'avoir comme papa.

— Ah, voilà ma princesse ! sourit Julius, fier de sa fille.

— On dirait un petit ange, osa Teofila, fort contente du résultat de ses préparatifs.

— Almah, voici mon ami Max. Vous allez passer de longs moments ensemble.

Almah exécuta une petite génuflexion docile en baissant la tête.

— Bonjour Monsieur Max, dit-elle d'une voix ténue.

— Bonjour Almah, tu es prête ?

Sa voix était douce, presque tendre, pas du tout assortie à sa moustache, ce qui rassura la petite fille.

On avait disposé un grand cadre de toile blanche sur un trépied de bois, et juste derrière un petit tabouret adossé au mur.

— Assieds-toi, ma chérie, demanda Julius.

Monsieur Max prit place sur la chaise, face au chevalet. Puis il se releva, s'approcha d'Almah, arrangea ses cheveux au creux de son épaule droite d'un geste délicat, redressa son nœud, prit ses mains, les croisa sur sa robe. Il se recula et lui demanda de le regarder bien en face.

Papa se tenait derrière lui. Il lui fit une grimace pour l'encourager. Almah ne put retenir un petit gloussement et lui répondit de son sourire troué qui creusa la fossette de sa joue gauche.

— Julius, je t'en prie, ne la fait pas rire. Elle a perdu une dent…

Papa lui décocha son clin d'œil et recula, avec un air faussement penaud.

— Laisse-nous, ça vaudra mieux ! À partir de maintenant Almah, tu ne bouges plus !

Julius se retira à reculons avec un petit geste de la main.

— Courage mon Almah ! Quand tu seras fatiguée, tu n'auras qu'à le dire à Max. Si tu as soif, il y a un verrre d'eau, juste là, ajouta-t-il en désignant le guéridon. Et si tu as un petit creux…

Julius déposa un étui rose à côté du verre. Les gaufrettes Manner dont raffolait Almah. Elle en rosit de plaisir.

Almah resta seule avec le peintre. Elle se tint bien droite, le regarda bien en face, juste comme il le lui avait demandé. Sur ce tabouret inconfortable et sans dossier, elle avait déjà mal au dos. En plus, il faisait froid dans ce petit salon. Ça allait être long, Papa l'avait prévenue.

Quelques notes d'une fantaisie de Schubert lui parvinrent, assourdies. Sa mère s'était mise au piano. Peut-être voulait-elle l'encourager, à sa façon. Almah était prête à endurer n'importe quelle torture pour amener un sourire sur le visage de sa maman. Elle se mit à balancer ses pieds sous le tabouret pour tromper l'ennui.

— Arrête avec tes pieds, ordonna Monsieur Max, une brosse à la main.

Il se mit à poser des touches, blanc, marron, vert, noir, à les balayer de son pinceau, à recommencer, encore, encore…

Almah se laissa envahir par l'ennui puis décida de s'envoler par la fenêtre qui donnait sur le parc enneigé, tandis que Monsieur Max étalait sa peinture sur la toile.

Il y eut de nombreuses séances. Quand il quittait Hietzing, Monsieur Max recouvrait la toile d'un drap blanc. Interdiction formelle de le soulever. Si bien qu'Almah ne pouvait pas voir ce qu'il peignait. Un soir, après le départ du peintre, elle n'y tint plus et supplia son père.

— Laissez-moi voir, s'il vous plaît, Papa.

— Max n'aime pas qu'on voie un tableau en cours. Il dit que c'est décevant et qu'on n'y comprend rien. Il nous a interdit de regarder, je te l'ai expliqué.

— S'il vous plaît, s'il vous plaît, Papa. Si vous lui dites pas, il le saura pas.

Almah s'essaya à un clin d'œil, mais ne réussit qu'à cligner des deux yeux, ce qui fit rire Julius. Il était tiraillé entre sa loyauté envers son ami et les suppliques de sa fille. S'il vous plaît, Papa ! Il se décida et prit la main d'Almah pour l'amener dans le petit salon qui, depuis bientôt trois semaines, était réservé au peintre. Ils se postèrent en silence devant le chevalet.

— Allez, allez-y, soulevez le tissu ! trépigna Almah.

Julius hésita encore un bref instant. Il allait trahir Max. Il prit le voile entre deux doigts et l'écarta du tableau.

— Juste un petit coup d'œil !

Julius eut un coup au cœur. Il vacilla, comme pris d'une légère ivresse. Une boule dure se forma dans sa gorge. Des larmes inondèrent ses yeux. Il dut déglutir pour se ressaisir. Incapable de contenir son émotion, il reçut le tableau comme un coup dont on ne guérit pas. Ce qu'il voyait... il n'avait pas de mots... Cette lumière... Almah était si belle, si vivante. Max avait saisi la fraîcheur et la grâce exquises de l'enfance, son essence. Et cette douceur, cette innocence... Les moindres nuances de sa peau... et son regard... Kurzweil ne s'était pas encombré des détails du décor, seule l'enfant. Il avait un talent fou, c'était un immense peintre, un maître, un génie. Julius était fier d'être son ami.

Almah, elle, était dépitée : toutes ces heures immobile à s'ennuyer pour ça !

— Je suis pas très jolie ! Et même on dirait que je suis sale ! Regardez, Papa, ça bave de partout ! Et c'est un peu flou ! C'est peut-être parce qu'il est vieux, Max, et qu'il ne voit pas très bien. Il faudrait lui acheter des lunettes ! ajouta-t-elle d'un air compatissant.

Julius laissa retomber le drap sur le chevalet, son émotion intacte.

— Tais-toi ma chérie ! Tu as tort, tu es très jolie, et tu es trop jeune pour comprendre. Pour que l'ensemble soit vrai et vivant, il est parfois nécessaire de sacrifier les détails. Et d'ailleurs le tableau est loin d'être terminé. Crois-moi, ce sera un chef-d'œuvre !

Son ton ferme ne souffrait pas la contradiction. Il ajouta, pour apaiser Almah :

— Mais tu as raison pour les lunettes, je vais en toucher deux mots à Max.

Jour après jour, Julius revint les épier. Kurzweil, la tension de son dos, ses gestes, précis, nécessaires, la fulgurance de ses coups de pinceau, fiévreux puis apaisés. Sa fille, de face, immobile, sage, qui dictait le tableau.

Il faudrait encore deux semaines d'hiver et un printemps à Max Kurzweil pour terminer le portrait d'Almah. « Elle est là ! » déclara-t-il un matin. Almah sauta du fauteuil qui avait remplacé le tabouret. Je suis là, Papa, c'est fini.

Julius sut instantanément que cette peinture occuperait une place particulière dans sa collection, pourtant riche d'œuvres magnifiques. Ce tableau était une expérience de la beauté du monde, du miracle de la vie, de la grâce infinie de l'enfance. Julius y voyait le visage d'un être promis au bonheur. Et dans le regard d'Almah, chargé d'une gravité qui n'était pas de l'enfance, la conscience du temps, la prescience d'une catastrophe imminente, et une question vertigineuse : Et demain ?

Personne n'aurait pu imaginer à ce moment-là le rôle que ce portrait d'enfant jouerait dans la vie d'Almah.

Mai 1916
À l'arrière du front

Julius avait toujours désapprouvé la liaison de Max Kurzweil avec son élève Helene. Bien que Max vécût séparé de son épouse française, c'était pour lui une source de stress et de malaise. Outre les ragots de la bonne société cancanière, il y avait sa culpabilité. Mais qui était-il pour le juger ? Lui, Julius, qui restait fou amoureux d'Hannah après toutes ces années de mariage. Max était malheureux en ménage, son épouse ne se plaisait pas à Vienne, elle se languissait de sa Bretagne natale, elle ne lui avait pas donné d'enfants. Alors, si Helene l'apaisait un peu…

Mais Max n'était pas apaisé. Sa liaison ne faisait qu'aviver ses soucis familiaux, son regret de paternité, et elle renforçait sa tendance à la mélancolie. Toute sa fortune, toute sa renommée n'y pouvaient rien, Max n'allait pas bien.

Julius avait vu le mental de son ami se dégrader de semaine en semaine. Il lui avait commandé le portrait d'Almah autant pour faire immortaliser la beauté de sa fille par son artiste préféré que pour procurer à Max une diversion. Il avait espéré que les visites quotidiennes du peintre à Hietzing lui offriraient une routine rassurante et tiendraient à distance ses idées noires.

S'il en conçut un immense chagrin, le suicide de Kurzweil dans son atelier, quelques mois après qu'il eut terminé le portrait d'Almah, ne surprit pas Julius. L'air du temps, guerrier et nauséabond, avait eu raison de lui. Helene avait suivi Max dans la mort. Une fin tragique pour un génie de la peinture, un des acteurs majeurs de la sécession viennoise. Julius était bourrelé de remords. Qu'aurait-il dû faire pour soulager Max ? Qu'avait-il manqué, en tant qu'ami, en tant que médecin ?

Il y avait la foule des grands jours au cimetière d'Hütteldorf lors de l'enterrement. Manteaux noirs, voilettes, hauts-de-forme, capotes et uniformes couleur de guerre, un long cortège suivait le corbillard. Hannah se tenait raide au côté de Julius, partageant sa peine. De retour à Hietzing, celui-ci s'isola longuement dans son bureau. Puis il alla décrocher le portrait d'Almah du mur du grand salon et revint l'enfermer dans son antre, face contre le mur. Cette peinture, il ne voulait plus la voir, pour le moment du moins. Elle ravivait un souvenir trop douloureux.

Ce soir-là, Julius annonça à Hannah sa décision de se présenter aux autorités militaires. Après l'enthousiasme presque euphorique des premiers jours qui avaient suivi la déclaration de la guerre, l'Autriche-Hongrie s'était engagée avec morosité dans ce conflit annoncé. Les débuts de la guerre avaient été catastrophiques pour l'empire qui encaissait défaite sur défaite.

Deux ans de guerre avaient dégrisé les Autrichiens et douché leur enthousiasme patriotique, mais Julius avait été éduqué avec le sens du devoir. Il était dégoûté par les profiteurs de guerre qui s'engraissaient tandis que le peuple s'enfonçait dans la plus noire des misères. Il ne voulait plus faire la sourde oreille face à la terrible hécatombe des champs de bataille, on comptait pas loin d'un million de morts, sans parler des blessés. Julius devait essayer de soulager, c'était son véritable devoir, la seule chose à faire. Il n'était pas parti avant car Almah était encore petite et la santé d'Hannah le préoccupait. Ces derniers temps, elle allait mieux, elle avait repris la lecture et le piano, et elle s'occupait du jardin qui n'avait jamais été aussi fleuri.

Hannah avait essayé en vain de dissuader Julius : la guerre ce n'était plus de son âge, elles avaient besoin de lui, de sa protection en ces temps difficiles, et il n'était pas de trop à l'hôpital, à en juger par son emploi du temps.

Et surtout, le danger.

Julius la rassura.

— Je ne serai pas dans les antennes médicales des lignes de tranchées, mais dans un hôpital, à l'arrière du front. Et j'aurai des permissions. Nous ne resterons jamais très longtemps séparés.

Avant de partir Julius fut réconforté par la promesse d'Hannah, celle de veiller sur leur fille. Hannah se sentit plus forte, une promesse c'est comme une béquille, quelque chose de solide dans la main, quelque chose à quoi se cramponner pour ne pas trébucher.

Julius partit faire sa guerre. La maison de Hietzing se confina dans un silence lourd de son absence, parfois rompu par les notes d'une sonate mélancolique.

Peu de temps après le départ de Julius, François-Joseph mourut, un jour gris de novembre. Soixante-huit ans de règne prenaient fin. Un interminable cortège funèbre traversa Vienne dans un froid mordant. Tiré par huit chevaux empanachés d'un plumet noir, le corbillard était encadré par les vieux archiducs ruisselants de médailles et les représentants des gardes impériales. Une foule de têtes couronnées, rois, reines, princes, princesses, archiducs et archiduchesses, se serra dans la cathédrale pour assister à la cérémonie des obsèques. Le cortège prit ensuite la direction de l'église des Capucins, pour rejoindre la crypte impériale. Les gardes frappèrent trois fois et furent deux fois éconduits, selon le rituel d'entrée dans l'église, puis François-Joseph fut inhumé aux côtés de son épouse Sissi, assassinée à Genève en septembre 1898, et de son fils Rodolphe qui s'était suicidé à Mayerling presque trois décennies auparavant.

À quatre-vingt-six ans, le vieil empereur avait tiré sa révérence.

Son petit-neveu Charles Ier lui succédait.

Le tentaculaire empire austro-hongrois, douze nationalités, six langues, cinq religions, entamait sa lente désintégration.

1916-1917
Une éducation sérieuse

Le départ de Julius marqua le début des privations. Il fallait affronter les pénuries. L'essence manquait, le charbon aussi. Bientôt, un à un, ce furent les produits alimentaires, le pain, le lait, les pommes de terre, les choux... qui disparurent. Des queues interminables, qui amer et aigri, qui furieux, se formaient devant les magasins. La maison, trop vaste, aux plafonds trop hauts, était devenue froide et humide. Suivant les instructions d'Hannah, on avait remisé la garde-robe de Julius sous des housses, puis condamné le grand salon où les armoires Biedermeier et les pampilles des lustres de cristal prenaient la poussière. Alois avait tiré les tentures de brocard vert, recouvert les meubles de draps blancs, enfermé les bibelots, les jades, les ivoires, dans une vitrine et déménagé le Bösendorfer en acajou sculpté dans le petit salon. Le grand samovar, les candélabres d'argent et le Gramophone avaient suivi. Les tapis orientaux avaient été roulés jusqu'à la réception pour en réchauffer le sol de marbre. La pendulette à la jeune fille nue, une magnifique œuvre Jugendstil en bronze acquise par Julius, comptait désormais les heures sur le manteau de la cheminée de la salle à manger, où le regard d'Almah se posait sur la chaise vide de Julius. Son père lui manquait. On avait refermé les portes du salon de réception sur une odeur d'encaustique et de tristesse. C'était comme si la maisonnée avait perdu son capitaine. Peu accoutumée à l'autonomie, Hannah se soulageait de la gestion du quotidien sur Teofila à qui elle avait abandonné les rênes. Celle-ci redoublait d'efforts et d'inventivité pour tenir le cap. Quand elle ne jouait pas avec Sultan, Almah passait de longs moments à tromper l'ennui des jours d'hiver en dessinant avec son doigt sur les vitres couvertes de buée. Chaque soir, Teofila bassinait les lits avec obstination.

Au printemps, Alois planta un potager au fond du parc, quelques légumes, des groseilliers, des framboisiers. À ses côtés, Almah faisait la chasse aux mauvaises herbes et apprit à jardiner.

Il n'était plus question de vacances. Sans Julius, elles n'avaient aucun sens.

Leur mode de vie monotone entretenait la torpeur d'Hannah qui se complaisait dans la lecture des poèmes noirs et désespérés de Nicolas Lenau.

> « J'ai au cœur une blessure profonde,
> et elle y saignera jusqu'à mon dernier jour ;
> je sens comme elle enfonce sans relâche
> et toujours plus profondément sa pointe,
> et comme ma vie s'épuise d'heure en heure… »

Elle s'abîmait dans des songeries souvent confuses, parfois pénibles. Se souvenait avec nostalgie des étés d'autrefois. Les eaux à Baden, les lacs idylliques à la belle saison, Attersee, Altaussee, Lugano, les flâneries le long des rives, le canotage sur les eaux émeraude, les sentiers à l'assaut des alpages, la cueillette des myrtilles, l'ombre fraîche des sapins, le parfum des girolles, le son d'airain des cloches au cou des vaches... Elle revoyait les montagnes du Tyrol, Almah assise sur sa luge entre les jambes d'Heinrich, cheveux au vent, criant de plaisir en dévalant la pente enneigée à toute vitesse. Tout cela lui paraissait loin, si loin.

Hannah, dont la solitude coulait dans ses veines comme un poison. Hannah, silencieuse, qui traversait les pièces de la maison, éthérée, comme une ombre inconsistante. Hannah hantée par le manque, par l'absence de Julius. Hannah que l'envie prenait parfois de saisir son cœur à pleines mains, son cœur meurtri, pour l'écraser en hurlant et déchirer le silence de ses nuits d'insomnie.

Elle faisait en sorte que cette existence de recluses n'affectât pas Almah qui traversait les semaines et les mois avec entrain, sans conscience des restrictions. Son innocence d'enfant la protégeait des aléas du quotidien. Sa voix haut perchée, les grelots de son rire clair, ses pieds galopant dans l'escalier mettaient un peu de bonheur dans la maison.

Hannah informa Julius de sa décision d'engager un professeur de piano et un précepteur. Almah ne pouvait pas continuer à grandir sans une éducation sérieuse, elle devait apprendre à se plier à l'autorité. Hannah n'était pas de taille à l'instruire correctement, sans compter les difficultés qu'elle avait à se faire respecter. C'était un sacrifice nécessaire.

Stephan Berger lui avait été doublement recommandé par la famille Gleisner et par les Heppner. C'était un jeune homme longiligne au regard pâle. Il était venu à Vienne pour échapper à la médiocrité de sa province. La rumeur disait qu'il s'était fait baptiser catholique, une supercherie pour se soustraire à l'antisémitisme borné de certaines familles. Hannah n'en avait cure, seule lui importait la belle réputation d'enseignant, patient et efficace, qu'il s'était forgé dans le milieu de la bourgeoisie éclairée.

Almah s'astreignit avec enthousiasme à la contrainte des leçons quotidiennes. Elle se mit à étudier avec ardeur, affichant le visage sérieux d'une enfant précoce. Bientôt elle sut lire, écrire et calculer. Seul le latin la décourageait. Sous la houlette de Stephan, elle avait commencé une collection de timbres. C'était l'occasion de voyager dans l'histoire et sur la mappemonde où elle sut vite se repérer sans aide. De toutes les disciplines, celle qu'Almah préférait, c'était la peinture. Après une première séance dont elle était ressortie robe souillée et mains barbouillées, Teofila avait coupé un vieux drap pour lui confectionner un grand tablier de toile.

Un jour, Hannah entendit de grands éclats de rire monter jusqu'à elle. Piquée par la curiosité, elle descendit de sa chambre et se dirigea vers l'annexe de la bibliothèque transformée en salle de classe. Elle poussa la porte et porta sa main à sa bouche. Le visage d'Almah était orné d'une somptueuse moustache en guidon et de rouflaquettes noires, le bout de son nez peint en rouge, *idem* pour Stephan. Ils étaient morts de rire. À la mode de François-Joseph, précisa Almah entre deux hoquets. Hannah s'apprêtait à dire à Stephan qu'elle ne le payait pas pour ce genre de pitreries quand le fou rire la prit. Si, justement, elle le payait pour ça, pour mettre du savoir et aussi de la joie dans la vie de sa fille, cette joie qu'elle-même était incapable de lui insuffler. Quant à l'apprentissage de l'autorité, il y avait encore du chemin à faire.

Avant les leçons Almah soignait sa tenue, une robe propre toujours bien repassée, des souliers cirés, elle suppliait Teofila de lui faire des coiffures compliquées avec beaucoup de rubans, c'était nouveau cette coquetterie. Elle répétait ses petites révérences, se pavanait et faisait son intéressante. Elle rougissait chaque fois que le nom de Stephan était prononcé. Hannah en déduisit que c'était le premier émoi sentimental de sa fille.

Thérèse, la professeure de piano, fit long feu. Almah préférait jouer avec sa mère qui, selon elle, était bien meilleure musicienne que cette mademoiselle. Hannah, qui adorait Kreisler – elle chérissait le souvenir de ce premier concerto pour violon qu'il avait exécuté sous la direction de Max Bruch en 1898, un véritable succès –, proposa le violon. Ce fut pire. Almah ne tirait de son instrument que des grincements et des miaulements de chat plaintifs qui écorchaient les oreilles. Ce que j'aime, c'est l'écouter la musique, pas la faire, décréta-t-elle, ce qui mit un terme aux tentatives d'éducation musicale de sa mère. Ce soir-là Hannah permit à Almah de tourner la manivelle du Gramophone, puisque tu aimes écouter la musique ! Le quatuor à cordes n° 14 de Schubert était assorti à leur humeur, morose. *La Jeune Fille et la Mort.*

Les lettres de Julius étaient rares. Ses permissions plus rares encore. Quand le facteur déposait un courrier à Hietzing, c'était jour de fête. Hannah s'installait dans un grand fauteuil et prenait Almah sur ses genoux. Elle lui laissait ouvrir la lettre, guidant ses doigts serrés autour du coupe-papier en ivoire. Hannah dépliait lentement la lettre. Lisez Maman, lisez ! s'impatientait Almah. La lettre commençait toujours par « Hannah et Almah chéries » et se perdait en détails futiles et insignifiants. Hannah comprenait que Julius ne disait rien de ce qu'il traversait. Mais ses mots superficiels et innocents enchantaient Almah. Hannah s'interrompait parfois, la suite ne concerne que moi. Alors c'est des mots d'amour, n'est-ce pas Maman ? Papa vous écrit des mots d'amour ! Hannah rougissait comme une jeune fille et embrassait les boucles blondes de sa fille, les larmes aux yeux. Oui ma chérie, ce sont des mots d'amour. Almah se pâmait, les mains pressées sur son cœur, les yeux au ciel. Comme Papa vous aime ! Vous pouvez relire depuis le début, Maman s'il vous plaît ?

Chaque lettre les berçait ainsi plusieurs jours. Jusqu'à la suivante.

1917
Les sœurs collées

C'était le printemps, c'était la guerre. Et la guerre, on la tait aux enfants. À Hietzing, on faisait comme si de rien. Sauf le silence de la maison. Sauf la chaise vide de Julius. Sauf le grand salon condamné. Sauf les regards de plus en plus vides d'Hannah qui avait troqué ses tenues claires contre des robes noires et austères à col montant, Hannah qui s'enfermait parfois dans le bureau de Julius, sans même allumer la lampe d'opaline, pour y respirer l'odeur de son mari.

Or il importait que, malgré tout, malgré la guerre, malgré l'absence, la vie sourie à Almah.

Hannah s'efforçait de jouer avec sa fille dans le jardin derrière la maison. Mais le badminton ou le croquet, sauter de fausse joie au moindre point, faire semblant de perdre… Décidément Maman, vous n'avez pas de chance… Oh Maman, vous avez visé à côté… Maman j'ai gagné, j'ai gagné, un gage pour vous !.. Maman, on fait la revanche ! Et Sultan qui gambadait autour d'elles en aboyant.

Quand elle en avait le courage, Hannah demandait à Alois de les conduire au Prater où elle croisait fatalement une de ses connaissances. Il fallait improviser un sourire à la hâte, échanger des politesses et écouter des banalités sur la situation, des lamentations, des jérémiades : *On manque de tout... Sauriez-vous où trouver du charbon... Ce qu'endurent nos hommes au front...* Des mauvaises nouvelles : *Avez-vous su que l'aîné des Schlessinger, Albert, est mort dans une tranchée...* Quand ce n'était pas des potins et des commérages sur les dernières frasques du Tout-Vienne : *Il paraît que Maria Lechner a une liaison avec Johan Pfeiffer... Liesel Zimmermann est enceinte, on se demande bien de qui, puisque son mari est au combat...* Et le long des allées, ces kiosques à musique qui distillaient des marches militaires...

Tout cela, c'était au-dessus des maigres forces d'Hannah. Avec le départ de Julius, un océan insondable de tristesse s'était creusé dans sa poitrine.

Hannah avait fini par renoncer, Teofila était désormais chargée d'aérer Almah. La domestique transformait une simple promenade en une aventure excitante. Le panier du goûter à préparer. Le sac de Sultan, la balle, une sucrerie, une bouteille d'eau et une gamelle. La tenue, confortable et pas salissante, sinon Madame ne sera pas contente quand nous rentrerons. Le chapeau pour le soleil. Le sac de jeux, la corde à sauter, le ballon et le moulin à vent aux ailes de papier dont les couleurs se mélangeaient comme un arc-en-ciel. Le nécessaire pour se nettoyer au cas où...

Alois les accompagnait en voiture. C'était un sacrifice car l'essence était rare, mais Hannah était prête à sacrifier beaucoup pour se retrouver seule dans le silence de sa demeure. Almah montait derrière avec Sultan à ses pieds. Couché Sultan, pas bougé. Et Teofila s'asseyait devant à côté du chauffeur, comme si j'étais sa femme. Almah regardait défiler la cime des grands arbres de la Jagdschlossgasse et son alignement de maisons élégantes. Derrière ces façades vivaient des familles de la grande bourgeoisie juive. Teofila lui désignait avec solennité les grilles du château de Schönbrunn. Au fur et à mesure qu'on approchait du centre, l'excitation d'Almah montait. Sur le Ring se croisaient des tramways tout rouges et les derniers omnibus tirés par de solides chevaux de trait. Almah reconnaissait les grands bâtiments. Là, le Rathaus. Et là, la Hofburg. Ça, c'est le Burgtheater... Teofila prenait un air entendu, quand vous serez plus grande, Almah, vous irez à l'Opéra, regardez ces chevaux ailés tout là-haut, et au théâtre, quand la guerre sera terminée. Ah, l'opéra, ce doit être un magnifique spectacle !

Almah avait hâte de devenir grande, hâte que la guerre se finisse.

Alois garait la voiture à proximité du Prater. Venez avec nous Alois, vous n'allez pas attendre dans la voiture pendant des heures.

Almah courait derrière Sultan le long des allées, la laisse dans une main, son moulin à vent dans l'autre. Elle se laissait entraîner dans les bosquets, Teofila la gourmandait, sa robe salie, froissée, parfois éraflée. Elle sautait à la corde que tournaient Alois d'un côté, Teofila de l'autre. Ils partageaient le goûter. Ils s'asseyaient tous les trois sur les bancs de bois du théâtre en plein air d'Hans Wurst[6], Almah cachait son visage contre la manche d'Alois quand il était en danger, puis riait aux éclats à ses facéties.

Au retour, fatiguée, elle confiait la laisse de Sultan à Alois, prenait son autre main et celle de Teofila. Ils marchaient tous les trois de front. Comme avec un papa et une maman, chantonnait Almah en les regardant l'un après l'autre d'un air ravi. Parfois, prenant appui sur eux, elle exécutait une pirouette, jupe par-dessus tête, et émergeait de sous ses jupons, le visage rouge et radieux. Ces jours-là, Alois rentrait en fredonnant et Teofila lui glissait de discrets coups d'œil. *Vos a sheyn tog !* (Quelle belle journée !) *Baroukh Hachem !* (Dieu merci !) se félicitait-elle en se demandant si Alois avait aimé cette sortie autant qu'elle.

Un jour, Almah insista pour aller du côté des attractions foraines du Wurstelprater. Ce n'est pas pour les enfants, objecta Teofila. Almah insista, supplia, puis se mit à trépigner. Rien ne pouvait la calmer. Ce n'est qu'un caprice d'enfant. Nous allons rentrer à la maison et nous ne reviendrons plus. Almah se mit à gémir, de grosses larmes de désespoir roulaient sur ses joues rondes. Des passants les toisaient avec réprobation. Teofila céda, cet après-midi à trois ne devait pas être le dernier.

Les images peintes à grand renfort de couleurs criardes sur les baraques des cabinets de curiosités étaient terriblement alléchantes. Les nains, l'homme tronc, la femme tatouée, les siamoises, le géant, la femme à barbe,

6. Guignol viennois.

l'homme le plus fort du monde... Almah voulait voir les siamoises.

Teofila regarda Alois. Qu'en pensait-il ? Pouvait-on exposer la petite demoiselle à ces spectacles dégradants. Almah insistait. Teofila transigea, d'accord pour la femme à barbe, après tout ça n'est pas si monstrueux.

Le soir même à table, Almah ne put se contenir et enfreignit la promesse faite à Teofila. Elle raconta à sa mère. Les nains et les sœurs collées. La femme à barbe.

— Mon Dieu, s'alarma Hannah, vous êtes allées vers les stands des forains ?

— J'ai vu la femme à barbe, beurk dégoûtante, jubilait Almah en affectant de frissonner.

Hannah ne put contenir un mouvement de colère.

— Teofila !

La domestique accourut aussitôt, alarmée par le ton de sa maîtresse.

— Almah me dit que vous l'avez emmenée voir la femme à barbe ? Avez-vous deux couronnes de bon sens ?

Sa voix vibrait d'indignation. Hannah, qui ne s'emportait jamais, bouillait. Teofila, les joues empourprées, balbutia :

— C'est qu'elle a insisté, Madame, elle a même pleuré.

La tête basse, Almah regardait Teofila par en dessous avec une moue faussement contrite.

— Comment pourrais-je vous confier Almah désormais, si vous êtes incapable de discerner ce qui est bon pour une enfant et ce qui ne l'est pas ?

Accablée, Teofila se mit à pleurer en silence.

— Je m'excuse, Madame, j'ai voulu lui faire plaisir. Elle voulait... Je n'ai pas pu...

La petite voix d'Almah s'éleva.

— C'est vrai Maman, c'est moi. C'est ma faute. Teofila voulait juste me faire plaisir. Ne la grondez pas. Il faut me gronder moi.

Elle s'avança vers sa mère avec détermination.

— Punissez-moi, mais pas Teofila. Elle est gentille avec moi.

Hannah se trouvait devant un cas de conscience. Surtout pas d'injustice. Mais elle ne pouvait pas faire comme si ce n'était rien, comme si tous les spectacles étaient permis à une enfant. Que ferait Julius à ma place ?

— Il n'y aura pas de sortie au Prater avant deux semaines. C'est votre punition. Cela vous donnera le temps de réfléchir à ce qui est convenable pour une fillette de cinq ans, Teofila. Quant à toi Almah, tu joueras seule dans le jardin.

— Avec Sultan ? J'aurai le droit de jouer avec Sultan ?

Hannah se mordit la lèvre. Elle cédait toujours à sa fille.

— Avec Sultan. Maintenant monte dans ta chambre, je ne veux plus te voir et pas d'histoire ce soir !

Almah s'approcha de sa mère pour embrasser sa joue.

— C'était quand même drôlement bien la femme à barbe. Quand je serai grande, j'irai voir les sœurs collées.

Hannah soupira. Si Julius avait été là, c'est sûr, il aurait ri.

Juillet 1918
Un autre homme

Julius revint sans tambour ni trompette.

Un soir d'été, il était là sur le seuil de la maison familiale, dans son uniforme défraîchi. Quelques médailles épinglées à hauteur du cœur.

La première chose que vit Hannah, ce fut sa chevelure. Entièrement blanchie. Quand il était parti quelques fils d'argent se perdaient dans ses tempes. C'était un autre homme que la guerre lui rendait.

Il y eut des cris de joie, des effusions. Toute à son bonheur d'enfant, Almah virevoltait autour de son père sans remarquer ce qu'Hannah percevait, la fatigue, la désillusion, le désenchantement, les regrets, la honte...

Ce premier soir, après qu'Almah fut couchée, Julius demanda à Hannah la permission de s'isoler quelques minutes dans son bureau. Une vague odeur de tabac froid y planait toujours, prisonnière des tentures. Dans le coffret à cigares, il trouva un havane flétri qu'il renifla. Inodore. Il l'alluma néanmoins. Insipide. Il retourna le portrait d'Almah qui avait pris la poussière, face contre le mur pendant tous ces mois. Il eut une pensée fugitive pour Max qui s'était soustrait aux horreurs de la guerre. Il contempla le portrait un long moment. C'était tout à la fois un bonheur et une douleur. La petite fille du tableau était devenue une vraie demoiselle. Quant à Hannah... Son amour avait minci, elle était maigre, son visage émacié soulignant cependant la noblesse de ses traits. Même Teofila jadis si bien en chair... Julius maudit la guerre. Elle était aussi passée par chez eux. Elle avait anéanti une part de lui-même, blessé son âme qui en porterait à jamais la marque, elle lui avait volé deux ans de la vie de sa fille adorée, deux années perdues que rien ne rattraperait.

Un grattement de souris se fit entendre à sa porte. La poignée bascula et dans l'encadrement apparut un petit fantôme au visage pâle, sourire timide, fossette sur la joue gauche. La frêle silhouette d'Almah en chemise de nuit blanche.

— Papa, je n'arrive pas à dormir. Pourriez-vous me lire une histoire comme avant ?

Un frémissement parcourut la moustache de Julius. L'esquisse d'un sourire.

— Bien sûr, mon ange, dit-il en lui prenant la main.

Ils remontèrent ensemble le grand escalier. Almah se laissa enfouir sous son édredon de plume et bercer par la voix de Julius.

... grignoti, grignotons, qui grignote ma maison ? C'est le vent, le vent... Les yeux d'Almah se fermaient.

Quand son père la serra dans ses bras, elle effleura d'une main timide ses cheveux.

— Ils sont tout blancs, murmura-t-elle. Comme la neige. Êtes-vous vieux, Papa ?

— Un peu plus que quand je suis parti, ma chérie. Et toi aussi, tu as bien grandi. Allez, mon Almah, il est temps de dormir maintenant.

Peu à peu, la vie reprit son cours à Hietzing. Julius réintégra son poste à la direction du service de chirurgie de l'hôpital et entreprit de noyer son trouble intérieur dans d'éreintantes journées de travail.

La guerre avait ruiné le pays, sans parler des réparations financières imposées par les vainqueurs, et l'Autriche était exsangue. Plus rien, il n'y avait plus rien. On manquait de tout. Pas de nourriture, pas de farine, pas de charbon, pas de vêtements, rien. Le pays était en proie à la famine et chaque miette de pain, chaque morceau de cuir était âprement disputé. Le marché noir proliférait. Même les pièces en or et en argent avaient disparu, remplacées par de la mitraille en cuivre et en fer.

Dans la misère, le dénuement général, la solidarité n'existait plus. La disette creusait les ventres et exacerbait les jalousies. Affamés, grelottant de froid, les Viennois cherchaient à soulager le désespoir en chargeant un bouc émissaire. Les manifestations contre les Juifs se multipliaient. Hannah qui avait vécu la guerre tapie dans sa demeure, retirée du monde, avait perdu l'habitude de sortir. Teofila était chargée du ravitaillement. C'était miracle de trouver un peu de farine, un œuf, un peu de lait, de l'ersatz de café. Mais la domestique, allez savoir comment, faisait merveille et ne rentrait jamais les mains vides. Protéger sa femme et sa fille de la disette était devenu la croisade de Julius. Il s'était juré que jamais Almah n'en pâtirait.

La maison, qui était restée lugubre pendant de longs mois malgré les efforts de Teofila et la joie forcée d'Hannah, reprenait vie. Julius réinvestit son bureau et le portrait d'Almah trouva sa place face à sa table de travail.

Soir après soir, Almah tenait le journal de leurs retrouvailles.

Papa est revenu de la guerre. Il m'a montré toutes les médailles qu'il a reçues pour sa bravoure, car il a été très brave. La plus belle est la croix de fer de première classe.

La maison est plus gaie maintenant qu'il est là et Maman est contente. Elle sourit souvent et elle joue du piano tous les jours.

Papa ne me croyait pas quand je lui ai dit que je savais lire et écrire. Pour lui prouver, j'ai lu une page de Hansel et Gretel. Quand j'ai lu notre phrase magique « Grignoti, grignotons, qui grignote la maison ? » il a ri et j'ai ri avec lui.

Aujourd'hui nous avons fait une grande promenade avec Sultan au parc du Prater. C'était difficile de le tenir en laisse, car il était tout excité, mais j'ai réussi. D'autres chiens sont venus lui renifler le derrière. Maman n'était pas très contente.

J'ai embrassé Sultan. Mais sa bouche ne sent pas très bon. Papa dit que c'est ses dents. Quand je serai grande, je serai dentiste pour chiens et je soignerai les dents de Sultan. Je l'ai dit à Papa, dentiste pour chiens, c'est un beau métier. Maman a dit quelle idée, Papa a ri, ses yeux de guerre envolés.

Papa a gardé Sultan pendant que je regardais les marionnettes avec Maman. Quand je suis revenue, il avait de nouveau ses yeux de guerre, tristes.

1918
Un bon jour

Hannah repoussa sa chaise, se leva et s'assit au piano, comme chaque semaine après le repas dominical depuis le retour de Julius. Celui-ci se fit la réflexion que, malgré les séquelles de la guerre, malgré la pénurie de tabac et le mauvais café, leur vie était bien réglée. À Hietzing, la famille Kahn continuait à prétendre vivre dans l'insouciance. C'était un soulagement immense après les mois de chaos qu'il avait traversés. Aux premières notes, Julius dressa l'oreille. C'était une polka. D'habitude Hannah jouait des airs mélancoliques, bien souvent du Schubert, des impromptus ou sa sonate n° 20. Rien de très gai.

Julius mit quelques secondes à reconnaître la polka italienne de Rachmaninov. Hannah avait toujours adoré le compositeur russe. Il observa sa femme. Le pli d'amertume de sa bouche avait laissé la place à un sourire. Il fallait profiter de cette embellie.

Elle l'encouragea d'un signe du menton. Alors Julius se leva, s'inclina bien bas, une main sur le cœur devant sa fille qui sauta de sa chaise dans un éclat de rire. Ils entamèrent une danse endiablée. Au début ce fut sage, Almah posa ses pieds sur ceux de son père, qui, alourdi par le poids de l'enfant, suivait la musique avec lourdeur ; bientôt elle n'y tint plus et se mit à sautiller de bon cœur. Ses pieds martelaient le sol avec frénésie, ses boucles blondes tressautaient sur ses épaules, ses joues rosissaient, la fossette s'était invitée sur sa joue gauche. Sultan allait du piano aux danseurs en jappant. Au dernier accord qu'Hannah plaqua sur le piano, Almah exécuta un grand saut, ramenant ses genoux haut sur son ventre, puis elle se laissa choir, le derrière sur le sol, le souffle court, épuisée par sa prestation. Hannah se leva pour applaudir.

— Très réussi. Tu es fin prête pour le Bolchoï, ma chérie !

Almah tordit le nez. Elle se souvenait des cours de danse classique imposés par sa mère qu'elle avait abandonnés au prétexte que c'était bébête, danser dans une robe et des chaussons roses. Non, vraiment, elle préférait de loin l'équitation, pas monter en amazone comme l'impératrice Sissi, mais comme un garçon, les jambes autour du ventre du cheval, ou aller chasser avec son père. Elle pensa au jodhpur de toile qu'Hannah lui avait fait couper dans un vieux pantalon de Julius, et à ses bottes de cuir, cadeau d'une amie d'Hannah dont la fille avait quelques années de plus qu'elle, qui montaient jusqu'aux genoux. Elle se trouvait très fière allure dans cette tenue. Puis, revenant à la réalité, Almah s'assit au piano.

— Maintenant, c'est à vous de danser ! Sultan couché !

Son père installa un coussin sous ses fesses et, ses mains hésitantes sur le clavier, elle entama avec plus d'enthousiasme que de virtuosité *La Valse de l'Empereur* qu'Hannah lui avait apprise. Du coin de l'œil, Almah gardait un œil sur ses parents. Julius avait enlacé sa femme, son corps amaigri. Il avança un pied, Hannah recula le sien, et ils se mirent à évoluer sur le tapis qui gênait un peu leurs pas. Malgré tout, ils étaient parfaitement accordés. Ça se voyait, ils avaient souvent valsé ensemble. Almah était aux anges.

— Je suis désolé, je suis un peu rouillé, s'excusa Julius, tandis qu'Hannah cambrait la taille et redressait le buste.

— Et moi donc, mon cher ! Le bal de l'Empereur n'est plus qu'un lointain souvenir !

Mais Almah les trouvait tout à fait en cadence et fort gracieux. Ses petits doigts martyrisaient les touches d'ivoire avec entrain. Il y eut quelques fausses notes, quelques temps morts quand elle essayait de se souvenir des accords, et surtout quand elle admirait les danseurs évoluer. Les voir danser ainsi était un enchantement. Le mouvement touchait à sa fin. *Reprenez Almah, reprenez !* La voix de Mademoiselle Thérèse, son ancienne professeure de piano, résonna dans sa tête et elle annonça avec assurance : *Je reprends !* Mais Hannah capitula :

— Tu veux nous épuiser ton père et moi ! Allons, ma chérie, cela suffit pour aujourd'hui.

Le temps était gris, mais ils descendirent dans le parc où ils disputèrent une partie de croquet, puis ils se réfugièrent dans la véranda du jardin d'hiver.

Hannah sonna Teofila, c'était l'heure du thé.

— C'est le dé, c'est le dé qui a disparu !

Almah avait eu une poignée de secondes pour mémoriser tous les objets rassemblés sur la table par son père, montre, lorgnon, bague, tabatière, cuillère, épingle... Il les avait recouverts d'une serviette, elle s'était retournée puis elle avait dû identifier l'objet manquant que Julius avait subtilisé. Almah exultait, elle adorait le jeu de Kim[7].

Aujourd'hui est un très bon jour, écrivit Almah dans le petit carnet où elle consignait faits et gestes du quotidien. *J'ai fait danser Maman et Papa. Maman a souri. Nous avons joué au croquet. J'ai gagné la partie et aussi au jeu de Kim. La linzertorte de Teofila était délicieuse.*

Dans son lit, ce soir-là, les yeux grands ouverts fixant le plafond invisible dans l'obscurité, Almah se repassa le film de cette belle journée. Combien de jours passeraient avant qu'elle ne revoie sa mère gaie ? Elle essaya d'imaginer à quoi ressemblait le sourire d'Hannah après qu'il se fut évanoui, comme se le demandait l'Alice du pays des merveilles de la flamme de la bougie, après qu'elle l'eut soufflée.

Almah se fit une promesse, elle s'attacherait à débusquer ce qui faisait rire ou simplement sourire Hannah. Almah était trop jeune pour comprendre qu'elle guetterait ces éclaircies du paysage familial presque chaque jour du reste de leur vie.

7. Le jeu de Kim est un jeu de société décrit par Rudyard Kipling dans son roman *Kim* publié en 1901.

La guerre n'avait pas suffi à meurtrir l'Europe. C'était au tour de la maladie qui l'avait frappée avant même la fin des combats, favorisée par des conditions sanitaires dégradées. Terrifiée par l'épidémie galopante, Hannah décida qu'ils resteraient cloîtrés à Hietzing, sauf Julius que son travail appelait à l'hôpital. Chaque jour Hannah tremblait pour lui, chaque jour elle redoublait de précautions, chaque soir elle l'accueillait, le visage pétri d'inquiétude.

Le 31 octobre de cette année-là, Julius rentra avec une triste nouvelle, triste pour l'art, triste pour la modernité : le peintre Egon Schiele avait succombé à la grippe espagnole trois jours après son épouse.

3 avril 1919
La fin d'un empire

— Voilà qui sonne le glas de l'empire, sans espoir de retour en arrière, laissa tomber Julius en repliant l'édition du soir de la *Neue Freie Presse*.

Le dîner était terminé. Almah était remontée dans sa chambre et se préparait à se mettre au lit, aidée de Teofila. Hannah et Julius s'attardaient dans le petit salon, Julius s'apprêtait à rejoindre leur fille pour la rituelle histoire du soir à laquelle il ne dérogeait sous aucun prétexte depuis son retour.

— ... Les députés autrichiens viennent de voter ce qu'ils appellent la loi de Habsbourg : les membres de la maison de Habsbourg-Lorraine sont exilés et bannis à jamais, tous leurs biens confisqués... Avec l'exil peu glorieux de Charles Ier, ce n'était plus qu'une formalité.

Une semaine plus tôt, l'empereur Charles, symbole de la pérennité de l'empire, avait quitté l'Autriche avec sa famille sous escorte militaire britannique, en direction de la Suisse où les rives des lacs de Constance les avaient accueillis, rivages qu'ils quitteraient bientôt pour ceux du Léman.

— Sept cents ans de règne des Habsbourg se terminent ! C'est triste la fin d'un empire, soupira Hannah.

— ... un empire qui était dépecé depuis l'automne 1918, un véritable volapük de cent peuples, slave, turc, juif, ruthène, croate, serbe, roumain, galicien, dalmate... Une construction bien trop fragile pour résister à l'histoire ! C'était une fatalité.

— C'est vrai, les familles impériales tombent une à une. Au moins ceux-là n'auront pas été lâchement assassinés, comme les Romanov ! Nous verrons bien ce que nous réserve la nouvelle république. Espérons que notre pauvre petit pays relèvera la tête.

Julius poussa la porte de la chambre. Éclairée par la lampe de chevet, Almah était assise dans son lit, une natte serrée retombant sur son épaule, un livre à la main. Un modèle parfait pour Kurzweil, pensa Julius avec nostalgie. Elle reposa son livre ouvert sur son édredon. Julius reconnut la couverture d'*Alice au pays des merveilles.*

— C'est l'heure de l'histoire, ma chérie.

Julius vit passer une lueur d'apitoiement dans le regard de sa fille.

— Je ne te dérange pas au moins ? demanda-t-il en s'asseyant au bord du lit. Tu étais en train de lire ?

Almah hocha la tête avec un sourire contrit qui s'excusait.

— Justement Papa, je voulais vous dire, à propos de lecture...

Almah avait peaufiné ses phrases, mais ça ne venait pas.

— Je voulais vous dire... Je ne suis plus un bébé. L'histoire du soir, ça me paraît... très enfantin. Enfin, si c'est vous qui me la lisez... En fait... je préfère lire moi-même !

Ouf, voilà, c'était dit. Julius encaissa.

— Je comprends, ma chérie, je comprends tout à fait. Une dernière fois, alors ?

Il y avait comme une supplique dans sa voix.

— D'accord, une dernière fois, concéda Almah.

La voix de la Reine de cœur s'éleva bientôt, acariâtre et féroce, pour prononcer son ultime condamnation à mort.

Au petit salon, Hannah leva les yeux de sa revue et accueillit Julius avec un sourire compatissant.

— Alors c'est terminé, le rideau est tombé sur votre carrière théâtrale ! Vous ne ferez plus la grosse voix de l'ogre ni celle haut perchée du lapin pressé ?

— Vous étiez au courant ?

Hannah hocha la tête avec indulgence.

— Pauvre Almah, elle ne savait pas comment vous l'annoncer. Elle craignait de vous peiner.

— Je ne suis qu'une vieille baderne qui refuse de voir grandir sa fille !

— Vous n'êtes qu'un papa gâteau. Et elle n'a pas fini de vous déconcerter, votre fille. Hier un bébé, demain une jeune femme. Autant que vous le sachiez, Julius, d'ici quelques années elle aura des prétendants, et même un jour prochain un amoureux. Il faut vous y préparer, ma vieille baderne !

— Est-ce que je refuserais de vieillir tout simplement ? C'est sûr, si Almah marche dans vos pas, elle aura une foule d'admirateurs.

— Vous n'êtes qu'un flatteur, mon cher !

— Réaliste, ma chérie. Hannah, vous irez demain acheter des livres avec Almah, qu'elle choisira elle-même.

— C'est déjà fait ! Nous avons écumé les librairies, et rassurez-vous, notre fille a un goût très sûr.

Julius tendit les bras vers sa femme en signe de reddition.

— Et je crois qu'il va falloir songer à la scolariser. On ne peut pas l'élever dans un bocal, avec un précepteur à l'ancienne. D'ailleurs Almah ne montre aucune disposition pour les arts d'agrément. Elle tient plutôt du garçon manqué. Votre influence, mon cher ! Jusqu'à présent, il y avait l'excuse de la guerre, mais maintenant que tout est rentré dans l'ordre...

Hannah se leva.

— Ah j'oubliais, vous a-t-elle parlé d'une allocation hebdomadaire ou mensuelle, une sorte d'argent de poche pour ses dépenses personnelles ?

Julius secoua la tête, vaincu.

— Ce sera pour demain j'imagine, conclut Hannah en lui prenant une main qu'elle caressa avec tendresse. Allons, ma vieille baderne, il est temps de monter nous coucher !

Ce soir-là marquait non seulement la fin de l'empire des Habsbourg, mais aussi celle de la petite enfance d'Almah qui désormais s'endormirait sur ses propres lectures.

1919
Matilda

Il n'y avait guère eu de discussion. Quand Hannah avait évoqué, sans grande conviction, une école juive, Julius avait déclaré avec fermeté :

— Ma seule religion, c'est la modernité !

Une phrase arborée à sa boutonnière comme une devise. À cela il n'y avait rien à ajouter. D'ailleurs Hannah était d'accord et même fière de la position de son mari. Elle aussi était une femme moderne, elle portait des robes qui découvraient ses chevilles avec audace et consultait le docteur Freud. Cette possibilité, elle l'avait suggérée juste… parce que… pour avoir la conscience tranquille, par simple respect pour ses grands-parents, ses parents et sa propre éducation. Elle avait hasardé pour le plaisir de taquiner son mari :

— Je vous rappelle, très cher, au cas où vous auriez oublié notre mariage, qu'il a eu lieu à la grande synagogue.

Julius lâcha un petit rire.

— Oublier notre mariage ! Hannah chérie, vous me chatouillez. Est-ce pour le plaisir de m'entendre dire que notre mariage fut l'un des jours les plus heureux de ma vie ? Eh bien, je vous le redis, ma chère, notre mariage a été un des meilleurs moments de ma vie. Avec la naissance d'Almah, bien sûr. Vous m'avez toujours comblé. Mais le mariage c'est une chose, les grandes fêtes aussi, et vous savez combien je les respecte, nous les observons toutes. Mais nous n'avons jamais été très orthodoxes, il est trop tard pour le devenir. Nous sommes autrichiens avant tout. L'école autrichienne, c'est la clé de... notre assimilation, c'est celle que j'ai fréquentée, celle où j'ai appris à chanter l'hymne impérial, *Dieu protège l'empereur François* fredonna-t-il. Almah ira dans une école privée pour jeunes filles de bonne famille. D'ailleurs on m'a recommandé...

Il avait déjà choisi une institution laïque dont la renommée dans les milieux bourgeois n'était plus à faire. Hannah se rangea à sa décision sans discussion.

À huit ans, Almah prit donc le chemin de l'école. Elle savait lire et écrire depuis belle lurette, savait placer toutes les lointaines colonies de l'empire colonial allemand sur un globe terrestre, avait pris des leçons de piano et de danse classique. Grand-mère Milena lui apprenait le russe et lui inculquait le maintien et les us et coutumes du grand monde. Se tenir à table, le dos droit, pas appuyé au dossier de la chaise, jamais les mains sous la table, ne pas pencher la tête vers son assiette, s'essuyer les lèvres avant de boire, surtout ne rien dire si ce n'était pas bon. Saluer des adultes, les petites révérences, les remerciements. Elles s'amusaient à des mises en scène divertissantes où Milena faisait tout de travers et Almah devait la corriger. Elle était déjà une fillette très accomplie pour son âge.

Almah piaffait d'impatience, c'était le jour de sa première rentrée scolaire. Enfin, elle allait avoir une vie à elle, une vraie vie hors de la maison de ses parents. Teofila avait veillé à sa tenue d'écolière et soigneusement brossé ses cheveux retenus par des rubans. Dans la voiture qui les conduisait à l'école, Almah avait glissé sa main dans celle d'Hannah, cette main qu'elle allait lâcher bientôt pour s'envoler vers l'inconnu.

Dans la cour de l'école, tandis qu'Hannah recommandait sa fille à l'institutrice, Almah repéra la plus jolie petite fille qu'elle avait jamais vue. Elle portait une robe bleu pâle, un gilet de tricot gris perle, des chaussures vernies noires, elle avait le teint diaphane et elle était couronnée d'une auréole de tresses brunes semée de petits rubans assortis à sa robe. Elle avait l'air d'une princesse. Sans hésiter, Almah l'approcha :

— Je m'appelle Almah, et toi ?

— Matilda, Matilda Goldman. Et ton autre nom à toi, c'est quoi ?

— Kahn, Almah Kahn. Mon père est un grand docteur et il a eu des médailles pendant la guerre.

— Le mien, il est architecte. Il construit des maisons et même des immeubles avec plein d'appartements. Parce qu'il y a une crise du logement, précisa Matilda d'un air pénétré.

— Ça tire tes cheveux ta couronne ? demanda Almah subjuguée par la coiffure savante de Matilda.

— Ça fait un peu mal, concéda celle-ci, parce qu'il y a des épingles. Surtout, ça prend du temps.

— Est-ce que tu veux bien être mon amie ?

Matilda eut une petite moue, il fallait bien se faire désirer, puis elle hocha la tête.

— D'accord, je serai ton amie.

— Et moi la tienne !

Almah sortit de sa poche une gaufrette au chocolat qu'elle tendit à Matilda. Leur pacte était scellé.

Elles entrèrent dans la salle de classe en se tenant par la main. À la fin de la journée, deux carrosses attendaient Matilda et Almah. Almah trouva la voiture de Matilda plus jolie que la sienne. Sur le chemin du retour à Hietzing, calée au fond de la banquette arrière, elle ne put contenir sa joie.

— J'ai une amie, elle s'appelle Matilda !

— J'en suis très heureux pour vous, mademoiselle Almah, la félicita Alois.

Dès son arrivée, Almah se précipita vers Teofila qui préparait le souper dans la cuisine. Elle lui expliqua : la couronne de tresses, les petites épingles, les rubans de couleur, voilà comment elle voulait être coiffée. La domestique laissa échapper un *Guevalt*[8] *!* très exagéré en roulant des yeux.

Le soir même, Almah paraissait à la table familiale couronnée d'une double tresse blonde ornée de petits nœuds roses. D'un air docte, elle demanda à un Julius abasourdi de lui expliquer ce que c'était qu'une « grise de logement ».

---

8. Exclamation de désespoir en yiddish.

1920
Un garçon manqué

— Toutes les mamans font de beaux enfants, mais la tienne a exagéré ! déclara Julius en se penchant vers sa fille. Non seulement tu es jolie, mais tu es courageuse et résistante !

Habillée de montagne, chaussée de solides brodequins, armée d'un alpenstock sculpté à sa taille, Almah avait tout d'un garçon manqué, n'était la tresse blonde qui ondulait dans son dos. Quand son père la complimentait ainsi, elle se sentait importante. Elle redoubla d'efforts pour poursuivre l'ascension, refusant de prêter attention à la douleur qui serpentait dans ses mollets. Bien entraîné, Julius grimpait sans effort à l'assaut de la crête. Sa petite main dans celle de son père, l'autre prenant appui sur son bâton de marche, Almah s'efforçait de garder la cadence. Elle s'arrêta soudain, prise d'une inspiration qui lui procurerait un répit bienvenu. Lâchant la main de son père, elle fléchit les genoux, leva un bras en arc de cercle au-dessus de sa tête, et, brandissant son épée :

— En garde, Papa !

Julius prit sa grosse voix du roi Barbabec[9] :

— Oh oh, chevalier Almah, vous me provoquez en duel !

Ils commencèrent à ferrailler de leurs bâtons tendus à bout de bras, jusqu'à ce que Julius, vaincu, demande grâce, et ils reprirent leur randonnée.

L'hiver s'annonçait aussi rigoureux que le précédent qui avait battu des records de froid. Dès l'automne et son cortège de jours gris, l'humeur d'Hannah s'était assombrie. Elle avait été admise dans une clinique suisse où les médecins assuraient qu'une cure de sommeil la remettrait sur pied. Julius avait mesuré la détresse d'Almah le jour où il l'avait surprise, perchée sur une chaise dans la penderie de sa mère, le nez enfoui dans le col de son manteau de zibeline. Il comprit, désemparé, que sa fille en était réduite à renifler une fourrure pour y retrouver l'odeur rassurante de sa maman.

Il décida de l'emmener quelques jours au Tyrol. Rien que nous deux ? avait demandé Almah d'une voix vibrante d'excitation. Rien que nous deux, avait confirmé Julius. Quand nous rentrerons, Maman sera là, reposée et guérie. Almah avait hoché la tête avec gravité. Habituée aux tristesses de sa mère, elle n'était pas dupe de l'enthousiasme forcé de son père.

Teofila avait tout pris en main, bagages, billets de train, chambres dans la pension de famille, sans cacher son enthousiasme. La maison vide, elle se retrouvait seule avec Alois, une occasion trop belle pour ne pas s'en réjouir.

9. Personnage d'un conte des frères Grimm.

De son côté, Julius comptait profiter de ce séjour pour tricoter des souvenirs inoubliables pour Almah, bien conscient qu'elle était en train de perdre l'ingénuité de l'enfance.

À bicyclette, ils partaient à l'assaut des collines qui cernaient Innsbruck, randonnaient autour des lacs, se perdaient dans les forêts. Ils dînaient en tête à tête. Julius laissait Almah tremper les lèvres dans son verre de vin en lui expliquant les accompagnements heureux. Elle découvrait avec un solide appétit la cuisine locale et ses mets singuliers, le ragoût de cerf, les boulettes au lard, la revigorante soupe à l'orge... Sa préférence allait aux *Kaspressknödel*, de succulentes boulettes au fromage accompagnées de choucroute. Elle soutira même à leur hôtesse la recette des *Kaiserschmarrn*[10], pour le cahier de recettes de Teofila, précisa-t-elle.

Julius lui parlait peinture, sa passion, littérature, poésie, sculpture, opéras, symphonies et sonates. Il lui promettait de l'emmener écouter *Elektra*[11] dirigé par Bruno Walter, ils iraient voir une pièce d'Hermann Bahr où jouerait Alexander Moissi, le plus grand acteur de langue allemande, il lui vantait les romanciers de la Jeune Vienne. Il lui racontait avec gourmandise les vignes de Grinzing, les vins de Styrie, lui décrivait les lacs de Lugano et de Côme, qu'ils découvriraient lors de prochaines vacances. Comme une initiation frénétique pour rattraper les deux années passées loin d'elle que lui avait coûtées la guerre.

10. Grosse crêpe aux œufs montés en neige, coupée en lamelles et servie saupoudrée de sucre en poudre.

11. Opéra de Richard Strauss.

Leurs deux semaines de vacances passèrent comme un songe. À leur retour, Julius partit en Suisse pour ramener Hannah. Comme il l'avait promis à Almah, sa mère était reposée, prête à affronter la rudesse de l'hiver.

1923
Un nouveau portrait

— Une collection se fossilise si on ne l'enrichit pas !
— Voilà la réflexion d'un amateur d'art très éclairé, riposta Hannah en découvrant les trois lithographies satiriques d'Otto Böhler que Julius venait de lui offrir.

— Je connais votre goût pour Anton Bruckner, j'espère qu'elles vous plairont.

— C'est vrai, j'aime sa musique. Ces deux-là, Bruckner à son pupitre et Bruckner à son piano, très bien. Quant à Wagner et Bruckner à Bayreuth, je n'en veux pas, celle-ci vous pouvez la garder. Wagner a du talent, certes, mais ses opinions… Je me demande s'il mérite une place dans notre foyer !

— Il faut savoir faire la part des choses entre le talent d'un artiste et ses positions.

— Si vous le dites, mon cher. Enfin, pour être honnête, je préférerais Wagner hors de ma vue, dans votre bureau par exemple.

— Soit. À propos, je pense faire réaliser un nouveau portrait d'Almah. Elle a douze ans et ce serait bien de donner du travail à un jeune peintre. J'ai repéré un ancien élève de Max, un certain Heinz Muller qui ne manque pas de talent.

— Julius, vraiment, en avons-nous les moyens, et est-ce bien utile ? Et d'ailleurs, croyez-vous qu'Almah va se prêter à l'exercice ? C'est si empoisonnant de poser. J'en sais quelque chose, ajouta-t-elle en glissant un regard vers son propre portrait.

— Je saurai la convaincre.

— Je n'en doute pas un instant !

— Quant à l'investissement, il reste très raisonnable, croyez-moi.

— Julius, je devine que vous avez déjà fait affaire !

Almah se plia donc à l'exercice de la pose pour la seconde fois de sa vie. Et avec beaucoup de bonne grâce, quoiqu'elle n'eût pas le secours d'un tabouret. Elle portait une fine chemise de batiste blanche qui dégageait son visage, on devinait la natte qui courait dans son dos. Pas plus que la première fois, le peintre n'accepta de la représenter avec Sultan. En revanche, il ajouta sur sa gauche une armoire sombre et, dans un vase, un bouquet de fleurs dont une bleue rappelait la couleur de ses yeux.

— Je crois bien qu'Almah en pince pour votre jeune peintre ! confia Hannah un soir à Julius.

— Pfftt ! Elle n’est qu’une enfant !

Hannah secoua la tête en souriant avec indulgence.

— C’est presque une jeune fille, Julius, elle quitte les rivages de l’enfance à grands pas. Je me trompe ou vous refusez toujours de voir grandir votre fille ? Ou alors de vieillir ?

— Almah sera grande bien assez tôt. Pour l’instant, elle reste une petite fille. Quant à moi, regardez-moi Hannah, selon vous, ai-je l’air d’un jeune homme ou d’un vieux barbon ?

— Je sais, vous êtes ma vieille baderne et je vous aime comme ça ! Alors, cette œuvre d’art, où allons-nous l’accrocher ? Nous n’aurons bientôt plus de place sur nos murs !

Ce tableau-là, Almah à douze ans, Julius ne l’enferma pas dans son bureau. Il trouva sa place dans le grand salon, à côté de ceux de ses parents. Pour la récompenser de sa patience, il offrit à sa fille *Bambi, une vie dans les bois,* le livre de Felix Salten qui venait tout juste d’être publié.

1924
Deux places à l'Opéra

Hannah n'en revenait pas. Leur histoire s'était tissée au nez et à la barbe de toute la maisonnée. Enfin presque, puisque Almah en avait été l'artisan et en avait suivi avec perspicacité le développement. Mais cela, elle était la seule à le savoir.

Quand cela avait-il commencé ? se demandait Hannah. Elle pariait pour cette période de guerre, quand Julius était absent et elle dans les profondeurs de sa dépression. Alois emmenait Almah et Teofila au Prater, et, quand ils rentraient, il y avait cet air de connivence triomphante entre eux... À l'époque, Hannah n'y avait pas prêté attention, elle ne prêtait pas attention à grand-chose. Bref, les choses en étaient arrivées là : Teofila et Alois avaient annoncé leur intention de convoler.

Hannah et Julius s'étaient interrogés, la religion n'était-elle pas un obstacle ? Teofila, issue d'une famille traditionnelle et orthodoxe, qui respectait les traditions et parlait yiddish, épouser un protestant ? Et lui, Alois, il ne pouvait ignorer cette vague d'antisémitisme qui enflait ? Qu'importe s'ils s'aiment, avait déclaré Hannah. Et d'ailleurs, chez nous ils sont à l'abri de tous ces tracas.

Une fébrilité heureuse avait envahi la maison. Julius offrait la noce, qui ne serait que civile, la fête aurait lieu sous les lustres de cristal d'un salon de l'hôtel Bristol. Et Almah comptait bien qu'elle soit réussie.

— Papa, pourriez-vous me prêter de l'argent ? Que je vous rembourserai sur mes prochaines mensualités d'argent de poche.

— Ce que je te donne n'est donc pas suffisant ?

— Si Père, c'est bien assez pour moi. Mais je n'ai pas assez économisé, il me manque 180 couronnes pour le cadeau de mariage que je veux faire à Teofila et Alois.

— Et que veux-tu leur acheter ? Nous leur offrons déjà le repas de noces, un trousseau de linge de maison et leur vaisselle. Ta mère a choisi pour eux un très joli service de la manufacture Augarten.

— Deux places à l'Opéra, pour *Les Noces de Figaro*.

— Crois-tu que ce soit bien adapté ?

Julius regretta aussitôt sa question. C'était une réaction de classe, stupide et inappropriée. La façon dont Almah le dévisageait et son sourire ironique ne laissaient aucun doute sur ce qu'elle en pensait.

— Vous voulez dire adapté… à leur condition ?

Embarrassé, Julius essaya de rattraper sa bourde :

— Non, ce n'est pas ce que je voulais dire… Adapté… à ton budget…

Julius eut un peu honte pour lui, il ne s'en sortait pas bien.

— Combien te manque-t-il, dis-tu ? Je vais compléter la somme.

— Non, merci Père. C'est mon cadeau pour eux, je tiens à le leur offrir moi-même. Teofila en rêve depuis toujours. Ce sera un moment rien qu'à eux, un souvenir qu'ils vont chérir toute leur vie.

Le soir même, Julius s'ouvrit à Hannah du cadeau d'Almah pour Teofila et Alois, deux places à l'Opéra, *Les Noces de Figaro* dans les premiers rangs.

— Votre fille est sage, Julius, intelligente et avisée, vous pouvez être fier d'elle. Almah n'est pas contaminée par la légèreté et l'insouciance de l'état d'esprit viennois. Elle nous donne une belle leçon d'humilité. Ce qu'elle offre à Teofila et Alois n'a pas de prix. C'est une émotion sans pareille et un merveilleux souvenir qu'ils garderont toujours.

Almah et Hannah étaient sur la même longueur d'onde. Ce soir-là Julius s'en voulut. Lui l'amateur d'art, le mécène, le progressiste, lui qui souffrait en silence de l'ostracisme envers les Juifs, il avait encore de sérieux progrès à faire.

1925
Cruelle réalité

Julius réprima à grand-peine un geste de colère, la colère est mauvaise conseillère. C'était un camouflet comme il n'en avait jamais connu. Pire qu'un outrage, une véritable injustice. Julius Kahn était le médecin le plus titré, le plus expérimenté, le plus méritant. À lui revenait sans discussion le poste de directeur de la Polyclinique générale de Vienne. Eh bien non, il était dit qu'il resterait le chef du service de chirurgie. Son ascension s'arrêtait là. Stoppée net. Un sentiment de profonde humiliation était de train de germer dans sa poitrine.

Ce n'était pas nouveau, c'était vieux comme le monde, mais Julius en éprouvait aujourd'hui la cruelle réalité. Il n'était pas le premier Juif privé d'avancement. Les cas de ces soldats qui ne parvenaient pas au grade d'officier, les assistants d'université qui n'auraient jamais titre de professeur, ces fonctionnaires bloqués dans leur carrière défrayaient la chronique dans les rangs de la bourgeoisie juive de vieille souche. Il se souvenait avec amertume de ces médecins militaires juifs accusés de réserver un traitement de faveur aux blessés juifs durant la guerre. L'antisémitisme rampant avait toujours été présent en Autriche. Il était désormais alimenté et exacerbé par l'installation en masse des Juifs de Galicie dans le pays. Ils avaient fui les pogroms à la fin du siècle et l'invasion russe pendant la guerre. Aujourd'hui ils constituaient une population dans la population, conservant leurs us et coutumes, et pire, leur langue, le yiddish. Julius ne se sentait pas solidaire de ces émigrants. Il était de ceux pour qui l'appartenance à une classe sociale et à une profession comptait bien plus que leur judaïté. Les Kahn étaient autrichiens depuis cinq générations, médecins de père en fils, et nul n'aurait pu être plus viennois que lui. Une fois par an, le jour du Grand Pardon, il s'abstenait de fumer ou de se déplacer, et même s'il célébrait Hanoukka et Pessah, il fêtait aussi Noël, un grand écart banal dans son milieu. Quant à Hannah dont les aïeux avaient émigré de Russie au début du siècle précédent, elle aussi avait pris ses distances avec la religion et les traditions.

Julius l'avait constaté à plusieurs reprises, il devenait maintenant difficile d'obtenir de très hauts postes dans les administrations publiques. Même le secteur privé commençait à ostraciser lentement mais sûrement les personnes d'origine juive, quand on ne les mettait pas carrément sur la touche. Inutile de me voiler la face, de me mentir à moi-même, notre monde est en train de s'éroder, pourvu qu'il ne s'écroule pas... Lui revint en tête une conversation avec Max Heppner, un soir d'été nonchalant à Baden, à la veille de la Grande Guerre. L'image de la grenouille barbotant dans sa gamelle d'eau tiède, endormie par la chaleur, tandis que la température ne cessait de monter. Il ne restait qu'à espérer qu'on ne récupérerait pas leurs cadavres au fond de la casserole.

Julius, qui, assis à son bureau, méditait sur l'air sombre du temps, se reprit. Un collègue orthopédiste poussa la porte de son bureau pour lui dire à quel point il était désolé, il ne méritait pas ça, sa candidature à la direction de la clinique était légitime, acquise. Mais la pression, mais les doutes, mais la politique… Il préférait taire les noms de ceux qui avaient mis un veto à sa nomination à la tête de l'établissement. Julius voyait très bien de qui il s'agissait, pas besoin d'être grand clerc, la façade se fissurait. S'annonçait une nouvelle guerre, celle des ressentiments, de la rancune, de la haine. Guerre plus hideuse entre compatriotes que celle qu'il venait de traverser avec l'ennemi.

Il repensa avec mélancolie à sa croix de fer dont il était si fier. À ce qu'il avait enduré pour défendre ce pays qui était le sien et qu'il aimait. Il se demanda s'il avait une trop haute opinion de lui, se surestimait-il ? Il pensait être un homme loyal envers les autres, envers les siens, envers lui-même. La loyauté, une des valeurs avec lesquelles il ne transigeait jamais. Alors pourquoi était-on déloyal avec lui ?

Cette meurtrissure, il allait la digérer et relever la tête. Après tout, il restait le numéro trois de la clinique. Inutile d'alarmer ou de peiner Hannah qui n'avait pas besoin de souffrir de cette infortune pour épaissir son mal de vivre. Quant à Almah, il la préférait dans la joyeuse insouciance de sa jeunesse. Tant qu'à faire, autant essayer de prendre les choses du bon côté, ça lui laisserait du loisir pour ces longues marches en forêt, ces journées en montagne ou ces parties de chasse, ces instants privilégiés qu'il partageait avec sa fille. Il ne devait à aucun prix laisser la méfiance devenir sa règle de vie, la crainte se transformer en peur ou en haine, de tels sentiments ne devaient pas vicier son âme.

Julius quitta son bureau d'un pas alourdi par le souci qui le crucifiait pour rejoindre la salle des infirmières.

1927
L'influence de l'époque

Emmitouflés dans le confort chaleureux de leur vieille amitié, enveloppés des volutes de fumée bleutée de leurs cigares, Julius et Max Heppner refaisaient le monde, tandis que leurs épouses prenaient le thé à l'abri de la véranda du jardin d'hiver et qu'Heinrich et Almah s'affrontaient au croquet dans le parc. Leur humeur était querelleuse car leur discussion portait sur la politique qui les divisait et la situation des Juifs qui les rassemblait. L'antisémitisme, qu'on avait voulu croire éradiqué, s'insinuait comme une maladie sournoise dans la bonne société viennoise, fédérant à la fois certains catholiques et les classes moyennes et populaires. Les signaux d'alerte se multipliaient, les certitudes s'effondraient.

— ... Je vous admire mon cher, vous avez relevé la tête avec beaucoup de dignité après cette injustice. De l'avis de tous, vous méritiez ce poste.

— Sachez, Max, que je ne suis plus amer. J'ai digéré ce camouflet, difficilement, certes, mais je l'ai digéré. Je suis loin d'être le seul à être évincé des plus hautes responsabilités. Vous avez de la chance vous qui êtes un entrepreneur indépendant, vous ne connaîtrez pas ce genre de désagrément.

— J'en connais d'autres, notamment en société où je fais souvent l'objet de commérages. Pensez donc, le commerçant juif qui a réussi et qui de surcroît a épousé une femme du meilleur monde catholique, faisant fi des traditions. On nous montre du doigt, Hildegarde et moi, d'un côté comme de l'autre !

— Ce ne sont que de vieilles langues mauvaises, étroites d'esprit, sournoises, rusées, typiquement viennoises, auxquelles il ne faut pas prêter attention ! La tradition de la noblesse et de la bourgeoisie autrichienne implique une tolérance, une dignité et des valeurs très éloignées de ces diatribes populaires !

— Je dois dire que les humiliations à répétition, les brimades, les persécutions, la haine bassement entretenue m'affectent, même si elles ne me touchent pas directement. Je ne suis pas aveugle. Devons-nous céder devant une majorité arrogante pour échapper à l'influence de l'époque ? La discrétion est-elle la voie de la sagesse ? Ces questions me taraudent. Dire que notre vieil empereur veillait à la coexistence harmonieuse entre le judaïsme et le catholicisme et qu'il avait fait de l'intégration et de l'assimilation des fers de lance de sa politique ! La monarchie des Habsbourg a été si vite effacée, sans laisser de traces…

Le ton de Max était nostalgique. Julius exhala un long nuage de fumée.

— C'est à se demander si nous sommes chez nous dans ce pays où nous vivons, où nous œuvrons, observa-t-il pensif. On finira pas nous considérer comme des étrangers. La conversion serait-elle une solution, le marchepied de l'ambition ? Je ne le crois pas, et, de toute façon, pour nous il est un peu tard.

— Depuis l'émigration massive des Juifs de l'Est dans les ghettos galiciens à la fin du siècle dernier et leur récente installation dans notre capitale, nous, les bourgeois juifs de vieille souche, découvrons une autre identité juive qui nous fait du tort.

— Je me sens si éloigné de ces gens-là, ces orthodoxes de stricte obédience...

— Ne les méprisons pas, nous faisons partie de la même race ! On ne peut pas appartenir à une communauté en se tenant complètement à l'écart.

— Si vous le dites... concéda Julius avec un mouvement d'épaules fataliste.

— Et je dois ajouter que j'ai de la compassion pour nos malheureux frères de race, renchérit Max, poursuivant sa pensée.

— J'ai le sentiment que notre origine est en train de devenir un fardeau, indépendamment de toute considération religieuse.

Pour la première fois, la qualification de Juif commençait à apparaître à Julius sous un éclairage nouveau, plus sombre. Il se souvenait d'une lecture marquante, cet ouvrage autobiographique de Jakob Wassermann, *Mon itinéraire comme allemand et comme juif*, où l'auteur considérait l'antisémitisme allemand comme irréversible et la situation des Juifs allemands désespérée. Se faufilait en lui une aspiration à échapper à cette origine comme à une honte, une souffrance ou une fable qui ne le concernait en rien, alors que d'autres, comme Max, la considéraient comme un destin, un honneur, une donnée intangible de l'histoire.

— Et ce mouvement sioniste qui brouille les cartes, reprit Julius, cette absurde théorie d'un État juif ! Herzl, paix à son âme, voudrait nous faire considérer comme notre patrie une terre que nos ancêtres ont dû quitter il y a des milliers d'années pour se disperser dans le monde.

— À ce compte-là, nombre de nos compatriotes ne sont pas plus autrichiens que nous, puisqu'ils sont venus de Hongrie, de Pologne ou de Russie.

— Beaucoup s'engagent pourtant dans cette voie. Salten, par exemple. Je termine le récit de son voyage en Palestine, *Hommes nouveaux sur une terre ancienne,* qu'il vient tout juste de publier. Il aurait mieux fait de s'en tenir à ses contes pour enfants ! Julius soupira. Pour moi, le sionisme est la pire épreuve imposée aux Juifs. C'est un projet utopique et obtus qui prétend rassembler les Juifs des quatre coins du monde pour les regrouper sur une terre étrangère, alors même qu'ils se sont enracinés et épanouis dans le pays d'accueil de leurs ancêtres.

— C'est vrai qu'il serait difficile pour les meilleurs d'entre nous, ceux qui sont bien assimilés, de prendre la décision d'un tel exil.

— Impossible, vous voulez dire, rugit Julius. De toute façon, il faudrait abandonner l'hypothèse de la Palestine et se contenter de colonies en Afrique et en Argentine. Cette patrie est une fiction, soupira-t-il. La seule réalité, la seule qui compte, est le pays natal.

— Je suis d'accord avec vous, admit Max. Qu'est-ce que la Palestine au fond ? Une simple notion géographique.

— Et la foi de nos ancêtres ? Un fatras de traditions et de pratiques que nous n'observons plus depuis longtemps, et dont la plupart, pour être honnête, nous semblent ridicules et absurdes. L'attachement national et la religion sont des concepts qui m'insupportent par leur ambiguïté et leur superficialité ! Les rabbins orthodoxes me sont aussi antipathiques que les curés !

— Vous y allez fort ! Mais c'est vrai, les religions deviennent insupportables quand elles essaient d'imposer des dogmes, admit Max.

Leur discussion[12] allait bon train, d'une virulence contenue, puis ils se calmaient, soucieux de se conforter l'un l'autre, avant de s'affronter dans une nouvelle contradiction, pour finalement retomber d'accord. Alors ils jetaient un coup d'œil à leurs épouses qui papotaient, regardaient jouer leurs enfants, et ils laissaient s'envoler ces moments d'inquiétude communs aux hommes de leur condition et de leur génération en savourant leurs cigares.

12. Note de l'autrice : Cet échange est inspiré d'une conversation de *Vienne au crépuscule*, d'Arthur Schnitzler (1908).

1928
Une profession d'avenir

— Père, pouvez-vous me rappeler quelle est votre religion ?

Julius se mordit la lèvre, partagé entre l'envie de rire et l'admiration. Almah savait toujours où porter l'estocade. Beau joueur, il admit sa défaite.

— La modernité, ma fille chérie ! Ma religion, c'est la modernité !

— Je vous prierai donc, docteur Kahn, de respecter les préceptes de votre religion, en donnant à votre fille, qui a obtenu son *matura*[13] haut la main, le droit d'étudier ce qu'elle veut et d'envisager son avenir comme elle le souhaite.

Julius était ravi de l'impertinence d'Almah. Sa fille n'était pas taillée dans n'importe quel bois.

— Et rappelez-moi, je vous prie, en quelle année fut accordé le droit de vote aux femmes ?

Le jeu se poursuivait.

---

13. Équivalent du baccalauréat.

— 1919.

— En vertu de ce droit, je vote, moi, Almah Kahn, pour des études de dentiste.

— Tu n'es pas encore majeure Almah. Tu n'as pas le droit de vote.

— J'ai une dérogation signée de mon père !

Julius redevint sérieux.

— À tout prendre, tu pourrais choisir la médecine, comme ton grand-père et comme moi, ça perpétuerait la lignée familiale.

— On ne s'intéresse pas beaucoup aux dents, mais c'est une profession d'avenir, j'en suis sûre.

— Es-tu bien consciente de la difficulté de ces études, Almah ? Et de la position inconfortable, voire controversée, des étudiantes dans ce milieu masculin et misogyne. Tu cumules deux handicaps, ma chérie : tu es une femme et tu es juive, que tu le veuilles ou non. Il n'y a pas un seul professeur féminin, tu seras déconsidérée, tu essuieras des rebuffades, des moqueries. Les cercles d'étudiants sont nationalistes et chrétiens, ils excluent les Juifs. Quant aux cercles juifs, ils excluent les femmes. Je ne vois pas bien où est ta place dans ce tableau.

— Qu'une chose soit difficile doit nous être une raison de plus pour l'entreprendre !

— Rilke ! laissa tomber Hannah du fond de la méridienne où elle s'était allongée.

Elle se redressa en souriant.

— On peut dire que tu as de la suite dans les idées. Toute petite déjà, tu voulais devenir dentiste pour chiens. Rappelez-vous Julius...

Depuis un moment, elle observait la joute verbale entre les deux adversaires. Elle ne voulait plus s'en mêler, elle avait dit ce qu'elle avait à dire. Elle se considérait comme une femme à la page, pourtant elle imaginait mal Almah avoir à gagner sa vie, blouse blanche, pince en main, penchée sur la bouche malodorante d'un patient. Non vraiment, un métier si technique, si masculin, si... dégoûtant, pour tout dire. Elle ne comprenait pas le choix de sa fille. Elle voyait très bien son Almah couler des jours paisibles en femme d'intérieur accomplie dans la belle demeure offerte par son époux, Heinrich Heppner, directeur des grands magasins Heppner. En l'écoutant ferrailler contre son père, Hannah se demanda si la perspective de ce mariage, désiré par les deux familles, n'était pas en train de s'évaporer. Heinrich, tel qu'elle le connaissait, et elle le connaissait depuis sa naissance, Heinrich si sûr de lui, si autoritaire, n'était pas le genre d'homme à rivaliser avec une épouse. Il restait un homme de tradition, très conventionnel, assez peu partisan de l'émancipation des femmes, reconnut Hannah au fond d'elle-même.

Almah la tira de sa rêverie :

— Quant à vous Maman, je dois vous dire que j'en ai assez de ne pas pouvoir faire un pas hors de la maison sans être escortée de Teofila, elle est toujours sur mes talons, ou pire, Heinrich en chevalier servant...

Tiens, Heinrich, justement.

— ... je ne suis plus une enfant, je n'ai pas besoin d'un chaperon. Vous pouvez me faire confiance, je sais me débrouiller, je suis autonome.

Ses inflexions étaient douces, son ton mesuré n'était pas celui, provocateur, joueur, qu'elle employait avec son père. Elle me ménage, aurait-elle pitié de moi, se demanda Hannah qui décida de revenir dans la partie.

— Almah a raison, Julius. Après tout, nous ne sommes plus au XIXe siècle. De nos jours, on n'enferme plus les princesses dans leur château gardé par un dragon.

— Bien dit, Maman, je n'en attendais pas moins de vous. Quoique je ne vous comparerais pas à un dragon, ni vous ni Papa… Alors, pour l'école dentaire ? Nous voulons faire la même chose, Matilda et moi. Nous sommes prêtes à affronter la misogynie de l'université, et même son antisémitisme ! Ce disant, Almah boxa dans le vide de ses poings fermés en riant. Nous nous entraiderons, nous étudierons ensemble, à deux nous serons plus fortes. Et peut-être plus tard, nous ouvrirons notre propre cabinet. N'est-ce pas un merveilleux projet ?

— Ça s'est passé comment chez toi ?

Matilda haussa les épaules.

— C'est passé. Ils ont été plus surpris que mécontents. Ça les a désarçonnés. Surtout ma mère. Elle m'a dit qu'elle me voyait plutôt bibliothécaire ou enseignante. Tu sais, il n'y a pas de tradition médicale chez nous.

— Chez moi il y en a une, mais ça n'a rien facilité. Mon père m'a longuement détaillé tous les obstacles que nous devrons affronter. En réalité, je crois que mes parents me voient déjà mariée avec Heinrich.

— Oh, il y a pire, il n'est pas si mal.

— Je te le cède volontiers, ma chère. Et grand bien te fasse. Tu sais très bien que c'est mon ami d'enfance, le grand frère que je n'ai pas eu. Mais ça s'arrête là, je ne suis pas éprise de lui. Il n'a en tête que ses affaires et ses placements financiers et il appartient à la brigade du pantalon sans faux pli[14]. Quel rabat-joie ! Si c'est tout ce que la vie me réserve en matière d'exaltation amoureuse, merci bien ! Non, moi j'attends le coup de foudre, le vrai, celui qui me fera basculer dans une autre dimension, comme Isolde avec Tristan !

— Tu es terriblement romantique ! Tu sais, Heinrich, c'est peut-être la voie de la sagesse. Il est beau, il est riche, il est bien élevé, il est cultivé et il est juif.

— À moitié seulement ! Mais qu'est-ce que j'en ai à faire qu'il soit juif ? Tu veux épouser un Juif à tout prix, toi ?

— Je crois que ça conviendrait assez à mes parents.

— Oui, mais toi ?

— Moi ça m'est égal, pourvu qu'il soit...

— ... beau et riche, oui je sais ! On en revient à Heinrich. Il est à toi !

— Tu sais bien qu'il n'a d'yeux que pour toi ! Ne fais pas celle qui l'ignore.

— Je n'ignore rien, mais je ne veux pas l'encourager. Et commencer l'école dentaire, ce sera aussi une façon de prendre de la distance avec lui. Je sais qu'il n'approuvera pas. Ce n'est pas l'idée qu'il se fait d'une femme, je suis sûre qu'il a un faible pour les potiches décoratives ! Donc mes parents ont cédé. Je ferai ce que je veux, à condition de m'y consacrer à fond. Sinon...

— Sinon ?

— Je les décevrais ! Je suis condamnée à réussir.

— C'est un peu pareil pour moi.

— Tu leur as parlé de notre projet ?

— Je crois que c'est un peu prématuré. Inscrivons-nous d'abord, étudions, et le cabinet, on en reparlera dans quelques années.

14. Mot de Felix Salten.

Vint le jour tant attendu de fin d'été où elles franchirent les portes de l'université, sous la protection des sentinelles de pierre perchées sur les toits et des bustes d'érudits calés dans leurs niches. Ce jour-là, Almah et Matilda rayonnaient de bonheur.

1929
De la littérature érotique

C'était enfin la vie d'étudiante dont Almah avait rêvé, les enseignements, la camaraderie entre jeunes gens, les fraternités de filles, la bibliothèque universitaire, les garçons qui les lorgnaient, tentant parfois une approche maladroite. C'était beaucoup moins rude que ne l'avait prédit Julius et Almah se félicitait chaque jour de son choix.

Au sortir de leurs cours, Almah et Matilda prenaient souvent le temps de musarder en ville, ivres d'une nouvelle liberté. En passant devant La Peste, Almah marquait un temps d'arrêt. Elle tirait la langue comme une gamine, je déteste cette colonne torturée et prétentieuse. Matilda l'imitait et elles repartaient en riant. Elles flânaient sur le Graben, passaient devant les magasins Heppner, une petite pensée compatissante pour Heinrich qui doit être assis derrière son bureau ! Elles léchaient les vitrines, cette robe est de toute beauté, ce col en renard polaire m'irait bien, et s'attardaient dans les cafés en variant les frissons. Sous les arcades monarchiques du Central, conservateur et maniériste, en espérant croiser un des membres rescapés de la Jeune Vienne, Beer-Hofmann, Salten ou peut-être von Hofmannsthal ; on disait que certains s'y faisaient encore déposer leur courrier. Blotties dans un canapé rouge du Museum, guettant les artistes des scènes voisines. Au Herrenhof, le quartier général des activistes, niché dans le palais Herberstein, faisant mine de lire un des quotidiens extrait de la montagne des journaux à disposition tout en épiant les clients. Au Schwarzen Kameel où, avant de regagner leurs domiciles, elles se gavaient de canapés arrosés d'un verre de vin blanc de Styrie. Pour ne pas rentrer à Hietzing les mains vides, Almah faisait toujours un détour par l'épicerie fine Stalzer pour y dénicher une gourmandise pour ses parents. Elles se quittaient avec la hâte d'être au lendemain.

Ce jour-là, des nuages s'accrochaient au clocher de la cathédrale Saint-Étienne.

— Le Museum ? proposa Matilda en ralentissant le pas devant la terrasse du repaire des théâtreux.

— J'ai un faible pour le Schwarzenberg, répondit Almah. Mais si tu veux bien, on fait un crochet par le palais de la Sécession. J'adore ce pavillon.

Matilda voulait bien.

— À chaque fois, ça me fait le même effet, déclara Almah en se plantant devant l'édifice blanc aux lignes strictes couronné de sa coupole de feuilles de laurier dorées. C'est juste magnifique, l'expression d'une modernité sans pareille. Quelle rupture avec le Biedermeier ! Et cette devise : *À chaque époque son art. À l'art la liberté*, c'est si juste. Plus tard, j'aimerais vivre dans ce quartier, dans un appartement moderne, clair et lumineux, avec des meubles de bois blond, tout le contraire de Hietzing ! Mon rêve, c'est la Majolikahaus !

— Avec ton prince charmant, j'imagine ! Allons-y, décida Matilda qui piaffait d'impatience.

Elle avait quelque chose à montrer à son amie.

Matilda choisit une table à l'intérieur du Schwarzenberg, le plus ancien du café du Ring. Elles s'isolèrent près d'une grande baie vitrée qui donnait sur l'avenue. Matilda sortit de son de son sac un livre recouvert d'un papier de soie rose avec un air de conspiratrice.

— Voilà ce que j'ai découvert dans la bibliothèque de mon père. J'ai préféré le recouvrir pour qu'on n'en voie pas le titre.

Une flamme de curiosité éclaira le regard d'Almah. Un brûlot politique ? Un livre interdit ? Matilda ouvrit le livre et tapota de l'index le titre qui s'étalait sur la première page. *La Vénus à la fourrure*. Leopold von Sacher-Masoch. De la littérature érotique ! Almah rougit.

— Je te préviens, c'est disons... particulier. On est assez loin d'*Alice au pays des merveilles* !

Matilda pouffa tandis qu'Almah feuilletait le livre. Elle s'arrêta sur une page, sourcils froncés, bouche entrouverte.

— Tu l'as lu en entier ?

— Oui ! Ça parle de domination passionnelle et sexuelle. Contrairement à ce que j'attendais, le récit est assez pudique, l'auteur reste dans la suggestion. Mais il distille quand même un climat agréablement érotique et sensuel.

— Tu me le prêtes ?

— Je l'ai apporté pour ça. Lis-le en cachette, je ne suis pas sûre que tes parents approuveraient. Si tu te fais prendre, tu inventes n'importe quoi mais tu ne m'impliques pas, hein, c'est entendu ?

Ce soir-là, Almah regagna Hietzing en proie à un délicieux sentiment d'interdit et de culpabilité.

1929
L'espoir d'un apaisement

La nouvelle avait dévasté Julius. Après la destruction d'un café juif bien connu de la Taborstrasse qui avait été envahi et mis à sac par des sympathisants du parti national-socialiste allemand et du parti national chrétien, c'était la salle de prière du café Sperlhof qu'on avait attaquée. Ceux qui s'y étaient réunis pour se recueillir avaient été molestés et battus. Les émeutes antisémites se multipliaient au grand jour.

Cependant, l'Autriche restait gaie dans ces années atroces, malgré la trahison de l'argent, le chaos de l'inflation, la violence qui augmentait. Malgré tout, malgré la misère, la tristesse, la disette, Vienne restait belle, bouleversante de beauté même, et ce sursaut de conscience réveillait chez Julius l'espoir d'un apaisement. Il avait décidé de tirer les leçons de cette série d'épreuves et d'apprécier les vraies valeurs de la vie, l'amour, l'amitié, le travail, l'art, la nature.

Sidéré par la déroute des établissements financiers, Julius se félicitait de ne posséder que peu d'avoirs en banque. Il n'avait guère d'économies. Au fil du temps, ses liquidités avaient été investies pour soutenir ses amis artistes et offrir une belle vie à ses deux amours, Hannah et Almah. Il se retrouvait aujourd'hui avec une imposante collection de sculptures, de peintures, d'eaux-fortes, de gravures, de dessins originaux. Sans compter sa bibliothèque qui renfermait des trésors. Venus de l'étranger, les pilleurs de collections étaient à l'affût. Quand Hannah lui avait suggéré de vendre des tableaux, il avait répliqué que sa collection était une œuvre d'art en soi. Il n'en était que le dépositaire, leur conservateur pour le futur, mais pas le propriétaire. Pas question donc d'y toucher. Si les jours à venir paraissaient bien sombres, on allait vivre de ce qu'on pourrait, comme on le pourrait. Profiter de la vie malgré les corbeaux noirs qui annonçaient de rudes hivers. Plus pragmatique, Hannah se disait que, si le besoin s'en faisait sentir, elle saurait le convaincre.

Hiver 1929
Entre filles

Almah alluma sa lampe de chevet et consulta sa montre. C'était l'heure.

Elle ouvrit la porte de sa chambre, avança furtivement le long du couloir et commença à descendre l'escalier dans le noir, ses chaussures à la main. Le gémissement d'une marche la stoppa net. Elle avait pourtant répété l'itinéraire afin de pouvoir se guider dans l'obscurité. Elle retint son souffle. Aucun bruit ne venait des chambres de ses parents ni ne montait de l'office. Seul le tic-tac assourdi de l'horloge du salon. Elle reprit sa progression à pas feutrés, posant la pointe de ses pieds sur les marches avec une infinie précaution. Le bois grinçait sans pitié sous ses pieds nus. Elle frissonna au contact du marbre du sol de l'entrée sous ses orteils. À ce stade, plus de risque. Le plus difficile restait pourtant à négocier. Ouvrir la lourde porte d'entrée et la refermer dans un chuchotement de l'huis. Enfiler ses bottines. Descendre l'escalier extérieur de pierre sans faire claquer ses talons. Puis la lourde grille de la rue qui geignait toujours, Alois ne l'avait pas huilée malgré sa remarque insistante de la veille. Le portail franchi, Almah se figea. Pas un bruit, rien ne bougeait dans la maison, ni dans la rue. Rassurée, elle trottina jusqu'au taxi qui attendait au coin de la rue, moteur coupé.

Matilda était tassée sur la banquette arrière dans la pénombre à peine trouée par la faible lueur d'un mince quartier de lune. Elle lâcha un soupir de soulagement quand Almah ouvrit la portière et se glissa à l'intérieur du véhicule.

— J'ai bien cru que tu m'avais lâchée ! On t'attend depuis dix minutes.

— J'ai dû faire très attention, tout grince dans cette vieille maison ! Dis donc, tu t'es pomponnée !

Matilda gloussa, un petit rire excité.

— S'il vous plaît, Monsieur, ne faites pas ronronner le moteur, s'il vous plaît.

Le chauffeur jeta un coup d'œil suspicieux sur les deux gamines assises l'une contre l'autre à l'arrière de son taxi. Il devenait malgré lui le complice d'une escapade nocturne clandestine.

— Où allons-nous maintenant ?

— Wollzeile 36, lança Matilda d'une voix qu'elle voulait assurée.

— C'est le Simpl, ça, mademoiselle.

— Exactement, le Simpl, c'est bien là que nous allons.

Leur expédition était planifiée de longue date, elles n'avaient rien laissé au hasard. Les billets étaient pris, la table réservée. Elles avaient choisi le spectacle le plus irrévérencieux de la scène viennoise, celui auquel personne ne les aurait conviées. Karl Valentin se produisait avec sa partenaire Liesl Karlstadt pour une courte série de représentations au cabaret Simpl. Connu comme « le Chaplin allemand », il était réputé pour ses sketches, où il jouait de son physique dégingandé, et ses plaisanteries burlesques et audacieuses où les bons mots se télescopaient. C'était une occasion à ne pas manquer.

Le taxi fit le tour du Ring, passa devant l'Opéra, longea le Stadtpark, avant de piquer vers la Wollzeile. Les lumières tremblotantes des cafés perçaient l'obscurité des rues pauvrement éclairées à cause de la pénurie de charbon. Pourtant Vienne vibrait d'une énergie qui aurait pu s'apparenter à celle du désespoir, la ville n'avait peut-être jamais été aussi vivante qu'en ces temps de disette.

C'était vertigineux de se présenter à la porte du cabaret sans chaperon, de s'installer en jeunes femmes émancipées à leur petite table de marbre au premier rang face à la scène, de commander une bouteille de champagne, de porter un toast, les yeux dans les yeux, à leur amitié, à leur escapade secrète, à leur avenir. Tout ici avait un goût délicieux d'interdit sulfureux, des lourdes tentures pourpres à l'exubérance provocatrice des femmes, des bulles du champagne tiède aux rires gras des spectateurs.

— Ce n'est pas ici que m'emmènerait Heinrich !

— Ma chère, il te réserve l'Opéra ou le Burgtheater ! Mais qui te dit qu'il ne vient pas ici s'encanailler avec une amie discrète ?

Vrai, Almah ne connaissait pas tout d'Heinrich, il avait sans doute ses jardins secrets et peut-être même une vie amoureuse, car c'était un homme normal après tout. Il ne pouvait se contenter éternellement d'une relation platonique non officialisée avec elle. Almah jeta un coup d'œil autour d'elle, paniquée à l'idée de découvrir Heinrich en compagnie à une table voisine. Mon Dieu, ça tournait au cauchemar. Matilda posa une main rassurante sur la sienne.

— Tout va bien, Almah, détends-toi, il n'y a ici personne de notre connaissance. Cette soirée...

À cet instant un projecteur s'alluma et les tentures rouges s'écartèrent pour laisser place au duo d'acteurs.

Après le cabaret, Matilda proposa de terminer la soirée, un dernier verre à l'American[15], c'est tout près.

— Je ne suis pas sûre d'avoir assez d'argent pour les taxis, observa Almah.

— Ne t'inquiète pas, j'ai fait une ponction largement suffisante dans la tirelire de mon père !

Almah regarda sa montre. Au point où elle en était... D'accord pour le Loos !

Un taxi les déposa devant le bar. À l'entrée, une petite vendeuse de rue proposait des fleurs artificielles dans un panier suspendu autour de son cou.

— La pauvre, elle doit être frigorifiée, compatit Almah.

Au moment de franchir la porte du bar derrière Matilda, elle se retourna, enleva son écharpe de laine et l'enroula autour du cou de la jeune femme qui lui souffla un timide merci plein de gratitude.

Le Loos était un des plus petits bars de Vienne, on s'y entassait au coude à coude dans une atmosphère surchauffée. Elles commandèrent des bières au comptoir. Dans le brouhaha, il était bien difficile de se parler et

---

15. Conçu par l'architecte Adolf Loos dans le style Arts déco après un séjour aux États-Unis, le Loos American Bar est aujourd'hui classé monument historique.

d'échanger leurs impressions sur le spectacle. À la place, elles se laissèrent conter fleurette par des jeunes gens qui devinrent un peu insistants au fil des bières. Ses pieds enfermés dans des bottines à talons hauts faisaient souffrir Almah. Elle n'avait pas l'habitude de sortir aussi tard. Elle bâilla, une fois, deux fois, trois fois, puis rendit les armes. Il était temps de rentrer. Elles feraient le bilan de leur nuit entre filles le lendemain.

Almah demanda au taxi de la déposer à cinquante mètres de la maison. Inutile de prendre le risque de réveiller ses parents. Hannah avait le sommeil lourd à cause de ses médicaments, mais Julius...

Ce fut le même scénario qu'au départ, à l'envers. La grille, l'escalier extérieur, la porte de la maison, les chaussures à la main, le marbre gelé sous les orteils, un temps d'arrêt, l'escalier grinçant. Almah poussa un soupir de soulagement en refermant derrière elle la porte de sa chambre. Elle allait appuyer sur l'interrupteur quand la lumière s'alluma. Elle retint un hoquet de surprise et se mit à trembler.

— Pose tes souliers.

Assis sur son lit, Julius, les yeux rougis de fatigue, venait d'allumer la lampe de chevet.

— Inutile de prendre cet air penaud, Almah.

— Mais qu'est-ce que vous faites sur mon lit à cette heure, Papa ?

— Tu me poses la question ?

Almah se tenait tête basse devant son père qui ne disait plus rien.

— Je regrette Papa, vous n'auriez pas dû veiller...

Il y avait du reproche dans sa voix. Pour un peu, c'était elle qui le réprimandait.

— Il est bien question de ça !

— …

— Alors ?

— Alors rien. Je n'ai rien à dire pour ma défense. Seulement que je m'excuse…

— Que je vous prie de m'excuser, c'est la bonne formulation.

— Je vous prie de m'excuser de vous avoir désobéi. D'être sortie sans votre permission. Je… on voulait juste s'amuser Matilda et moi, sans personne sur notre dos. Sortir entre filles, entre adultes.

— Entre adultes ! Comment pourrai-je te faire confiance désormais ?

La voix de Julius exprimait plus la tristesse que le reproche.

— Je sais, j'ai trahi votre confiance. Mais… vous n'étiez pas censé le savoir.

— Non mais tu t'entends, Almah ? Si je ne le sais pas, c'est comme si tu n'avais rien fait ? N'as-tu donc pas de conscience ? Aucune morale ? Est-ce ainsi que nous t'avons élevée, ta mère et moi ? Est-ce ainsi que se comporte une jeune fille de bonne famille ?

— Oh, la jeune fille de bonne famille, parfois elle voudrait bien ne pas être de si bonne famille !

— Et impertinente avec ça ! Almah, tu me déçois tellement que je n'ai même pas la force de me mettre en colère.

Julius regardait sa fille. Sur ses joues luisaient les sillons d'argent des premières larmes silencieuses. Était-il trop dur ? Il ne supportait pas de voir Almah pleurer.

— Allons, ne pleure pas, assieds-toi à côté de moi. Est-ce que ça en valait le coup au moins ?

Almah sourit à travers ses larmes.

— C'était drôle. Nous avons vu Karl Valentin au Simpl. Et puis nous sommes allées boire un verre après, et nous avons un peu flirté à l'American Bar.

— Almah, Almah…

— C'était sans conséquence. C'était une chouette soirée, mais ça ne valait pas le coup de vous faire de la peine. Je ne recommencerai plus, je vous le promets, je vous le jure. Je veux que vous ayez confiance en moi. Mais je ne peux jamais sortir le soir, je ne peux rien faire avec mon amie. Il faut toujours que je sois sous la protection d'Heinrich, Heinrich par-ci, Heinrich par-là, comme si je n'existais pas, c'est étouffant.

— Étouffant peut-être, mais ça nous rassure. Ce n'est pas très prudent de sortir seule la nuit.

— Je n'étais pas seule.

— Almah, voilà que tu recommences !

— Pardon Papa.

Elle posa sa tête au creux de l'épaule de Julius.

— Vous me pardonnez ? Dites que vous me pardonnez, s'il vous plaît, Papa.

— Oui, je te pardonne, mais dorénavant je veux savoir où et avec qui tu es. Et tu ne sortiras pas sans ma permission.

Almah déposa un baiser sur la joue de son père.

— Allez vous recoucher, Père, vous êtes fatigué. Je vous promets, la prochaine fois, je vous demanderai votre autorisation. Et s'il vous plaît, n'en dites rien à Maman, elle n'a pas besoin d'être déçue elle aussi.

Janvier 1930
Des émotions confuses

Enfermée dans sa chambre, assise à son bureau, Almah griffonnait.

Ce soir, elle renouait avec son habitude d'autrefois, quand, enfant, elle couchait par écrit ses réflexions du jour. Elle redécouvrait avec fascination l'apaisement qui naît de l'écriture. Il y avait comme une ivresse à déposer là ses sentiments et ses pensées. Un soulagement. Elle espérait même que cela lui permettrait d'y voir plus clair. Peut-être.

Depuis quelques semaines, des émotions confuses la débordaient. Ses convictions étaient ébranlées, ses préoccupations allaient grandissant, ses questionnements demeuraient sans réponse, ses doutes la tétanisaient. La tension devenait trop forte.

Que penser de la situation actuelle, de sa position en tant que juive – une identité qui lui était quasiment étrangère –, en tant que femme, en tant que citoyenne ?

Fallait-il s'alarmer ? Quelle conduite tenir ? Devait-elle s'engager, comme certains étudiants, avec les risques que cela comportait ? Ou au contraire faire le gros dos en attendant que la tempête s'apaise et que s'estompent les nuages ? L'inaction n'était-elle pas coupable ? Ne se rendait-elle pas complice d'une conjoncture qui ne cessait de se dégrader ? Toute action politique lui paraissait téméraire, dangereuse même, au vu des derniers incidents survenus à l'université où les prises de bec entre étudiants tournaient régulièrement à la bagarre. La radicalisation de la vie politique se répercutait entre les murs de l'université et les altercations étaient quotidiennes. Sans compter les mesures vexatoires prises à l'encontre des étudiants juifs, exclus de certaines fraternités, en butte à une constante et vivace animosité. Almah se sentait prise dans une nouvelle tourmente de l'Histoire.

Quand elle en discutait avec Matilda, celle-ci restait campée sur ses positions, calquées sur la conviction de son père, un homme méfiant et prévoyant, que la situation n'allait pas s'arranger de sitôt. Pire, selon lui elle ne cessait de s'aggraver. Et les récents événements tendaient à lui donner raison. Matilda évoquait de plus en plus fréquemment un éventuel départ à l'étranger qui planait comme une ombre sur leur amitié. Un départ qui sonnait comme un exil. Était-il raisonnable d'envisager de quitter son pays ? En était-on vraiment là ?

À Hietzing, l'atmosphère était alourdie de non-dits.

Perturbée, Almah avait confié sa détresse à son père qui s'était révélé incapable de la guider dans la géographie incertaine de ses angoisses. Il avait tenté de la rassurer à grand renfort de dénégations et de réassurances. Inutile de s'alarmer. Il serait toujours son rempart. Dans ce contexte nébuleux, Julius, si intelligent, si lucide, continuait à s'enfermer dans une indulgence et un attentisme frileux, qu'après avoir trouvé avisés, Almah commençait à juger candides, voire bornés. Mais était-ce à elle de dessiller les yeux de son père ? Peut-être, après tout, était-il dans le juste. Sa position à la tête de la clinique ne lui permettait-elle pas de juger la situation avec impartialité et sagesse ? L'effervescence estudiantine n'exacerbait-elle pas les choses, comme il le lui faisait remarquer, brocardant l'ardeur et l'exaltation de la jeunesse.

Quant à Hannah, elle vivait dans sa bulle, étrangère aux contingences matérielles. Almah n'avait guère pour habitude de livrer ses états d'âme à sa mère et elle n'osait pas s'ouvrir à elle de ses inquiétudes, redoutant plus que tout de la peiner et de la déstabiliser. Non, pas plus que Julius, Hannah n'était le bon réceptacle pour ses désarrois.

Alors, faute de mieux, cette espèce de journal intime, où elle s'allégeait de ce qui lui pesait, ferait l'affaire pour le moment.

Almah referma son cahier, il était temps de poser sa plume et de se mettre au lit.

Printemps 1930
Un coup de poignard

— Nous partons, mon père a acheté les billets !

Cela faisait des semaines que Matilda l'avait prévenue, pourtant Almah ne put réprimer un hoquet de surprise tout en ouvrant des yeux ronds comme des soucoupes. La tasse de chocolat qu'elle portait à ses lèvres en déborda. Une petite flaque brune se forma sur la table de marbre du café Mozart, où son amie l'avait invitée. Depuis son ouverture quelques mois plus tôt à la place du vieux café Katzmayer, c'était l'endroit à la mode, le nouveau rendez-vous des journalistes, des écrivains et des artistes de tout poil. Matilda jeta une serviette dessus pour absorber les dégâts.

— Vous partez ? Mais quand ? Comment ? Et tes études ? Et votre maison ?

Almah avait tiré une mèche de cheveux de son chignon et s'était mise à l'enrouler sans fin autour de son index, un geste mécanique qui signifiait qu'elle était préoccupée ou qu'elle réfléchissait.

— Je termine l'année universitaire et zou !, direction les États-Unis ! Mon père s'est renseigné, il paraît que je pourrai y terminer ma formation sans problème.

— Et son travail à lui ?

— Ce n'est pas un souci, on a besoin d'architectes partout. Et puis il connaît du monde là-bas. On ne part pas à l'aventure.

— Mais quand même, laisser son cabinet, abandonner ses clients...

— Il ne ferme pas le bureau, ses associés vont juste continuer sans lui. Nous reviendrons quand les choses se seront apaisées, il nous l'a promis. De toute façon, il a pris sa décision depuis pas mal de temps. Il fait toujours ce qu'il dit.

— Tu ne parles même pas anglais, soupira Almah.

— *Oh yes, I speak English !*

Almah haussa les épaules avec un pauvre sourire :

— Je te parie que tu auras le mal de mer !

Elle était effondrée. Ses yeux brillaient. Elle était au bord des larmes. Matilda posa une main sur la sienne en guise de réconfort.

Matilda, sa complice, son amie depuis leurs jeunes années d'école. Soudées, elles avaient bravé la réprobation de leurs parents pour s'inscrire à l'université en dentisterie. Elles étaient quatre filles au milieu d'une promotion d'une cinquantaine de garçons, et cela avait encore resserré leurs liens. À Matilda, Almah confiait tout, ses préoccupations sur la santé de sa mère, son admiration démesurée pour son père, l'omniprésence d'Heinrich qui l'oppressait, sa crainte de le voir un jour se déclarer et demander sa main à ses parents, et de devoir l'éconduire, la brouille qui s'ensuivrait, son rêve de midinette de rencontrer un prince charmant… Elles avaient prévu d'ouvrir ensemble un cabinet dentaire, une fois leurs diplômes obtenus. Un rêve qui partait en fumée aujourd'hui.

— Et notre cabinet ? Tu en fais quoi de notre projet ?

— Nous reviendrons, je t'assure. Ou alors, c'est toi qui me rejoindras en Amérique.

— L'Amérique ne me tente pas du tout, mais alors pas le moins du monde. Nous avons tout ici.

— Et les Américains ? Ils sont grands, et beaux, paraît-il !

— Pftt, tu sais très bien à quel point j'aime Vienne. Je suis viennoise jusqu'au bout des ongles. Et toi aussi. Comment vas-tu faire ? Je vais te manquer, tout va te manquer. Tiens, le chocolat par exemple, je suis sûre que tu n'en trouveras pas d'aussi bon à New York. Et l'opéra ? Et le théâtre ? Et les concerts des orchestres de chambre dans la petite salle du Musikverein ? Et la saison des bals ? Le concert de la Saint-Sylvestre ? La buvette du Volksgarten ? Et le cabinet d'estampes de l'Albertina que tu aimes tant ? Et nos virées dans les cafés ? Et le Prater ? Nos balades au Prater… Tu y as pensé à tout ça, à tout ce que tu vas perdre ?

— Je n'ai pas eu voix au chapitre, tu le sais très bien, Almah.

— Tu pourrais rester, habiter chez nous. Mes parents seront d'accord. On irait ensemble à l'université, ce serait merveilleux !

— Ouvre les yeux, Almah ! Notre situation n'est guère tenable. Je pense que mon père a raison, il est sans doute sain de prendre un peu de champ. Avec ces nazillons qui sèment la pagaille un peu partout en humiliant les Juifs, j'ai parfois l'impression de n'être plus tout à fait chez moi. D'ailleurs, nous sommes loin d'être les seuls à partir. Peut-être ne sommes-nous plus tout à fait en sécurité...

— Dans notre propre pays ! Que veux-tu qu'il se passe ? Ce n'est pas comme si nous étions orthodoxes ou que nous arrivions des *shtetls*[16] de l'Est. Nous appartenons à cette nation, et même, il faut bien le dire, les Juifs sont très présents dans la vie publique, la presse, les banques, le théâtre, la littérature, les organisations sociales... Les artistes, les musiciens, les scientifiques, les médecins, les professeurs, presque tous juifs.

— C'est peut-être bien là le problème.

— Non, tu te trompes. Que feraient-ils sans nous ?

— Tu vois, tu dis nous, nous les Juifs !

— Ce n'est pas moi qui dis ça, ce sont eux et les imbéciles qui les écoutent. Cette défiance, elle est juste guidée par des difficultés économiques passagères et, peut-être, la jalousie qu'elles génèrent. Ça passera.

— En attendant, ma famille s'en va et je n'ai pas le choix. Mon père a pris toutes ses dispositions. J'ai surpris une conversation avec ma mère. Il a fait virer une grande partie de ses avoirs dans une banque américaine. Il va vendre l'automobile et une partie du mobilier et des tableaux. Notre maison sera fermée, laissée à la garde d'un cousin jusqu'à nouvel ordre.

— Combien de temps nous reste-t-il ? murmura Almah d'une voix de condamnée.

— Arrête de torturer tes cheveux ! soupira Matilda en posant sa main sur celle d'Almah qui ne cessait d'enrouler sa mèche sur son index.

— Réponds-moi Matilda, combien de temps ?

---

16. Village juif en Europe de l'Est avant la Seconde Guerre mondiale, vivant en quasi-autarcie, avec un mode de production proche des *kibboutzim* d'après-guerre. La langue parlée dans les *shtetls* était le yiddish.

— Jusqu'aux résultats des examens. Nous partons le 16 juillet.

— Sept semaines donc...

— De quoi voir venir ! En attendant, nous devons réviser, pas question de rater les examens. Et nous aurons tout le loisir de fêter notre réussite.

Almah approuva, dans un sourire sans joie. Elles n'avaient le cœur à la fête ni l'une ni l'autre. L'enthousiasme de Matilda était mâtiné de tristesse, mais elle savait que si elle le laissait voir à Almah ce serait pire. Alors elle faisait mine d'être joyeuse malgré les regrets qui commençaient à pointer. Almah avait raison, bientôt ce serait son dernier opéra, son dernier dîner dans un *beisl*, son dernier vernissage, sa dernière lecture publique. Oui, Matilda avait le cœur gros, et en même temps un immense espoir la portait.

Ce soir-là, pour la première fois depuis très longtemps, allongée dans son lit, Almah soulagea son chagrin dans un flot de larmes. Elle n'était pas coutumière de ce genre d'épanchement, mais le départ de Matilda était un coup de poignard qui ouvrait une plaie béante dans son cœur. Almah n'avait pas tant d'amis que ça. À bien y réfléchir, elle était même assez solitaire. À part Matilda, et Heinrich bien sûr, les autres n'étaient que des figurants dans sa vie. Elle se promit de profiter des dernières semaines de Matilda à Vienne. Il n'y avait rien d'autre à faire.

Juillet 1931
Lamentable rencontre

Almah et Matilda obtinrent des résultats plus qu'honorables aux examens de deuxième année, après des semaines passées à bachoter. Pour fêter la fin de l'année universitaire, les étudiants avaient organisé une soirée déguisée. Après avoir mis la dernière touche à leurs costumes dans la chambre d'Almah, elles firent leur apparition fin prêtes, annoncées par le martèlement d'une canne. Matilda était jolie en *dirndl* avec son corselet et sa jupe ample. Quant à Almah... Elle s'était dessiné une paire de moustaches noires, des favoris, et portait une culotte bavaroise de cuir au pont orné d'un charivari dont les amulettes cliquetaient à chacun de ses pas. Une cravate complétait sa tenue. Elle était chaussée d'une paire de brodequins de Julius, bien trop grands pour elle, et s'appuyait sur un alpenstock à bout ferré, trop court, celui que Julius lui avait fait sculpter pour ses cinq ans.

— Mon Dieu, Almah ! s'exclama Hannah réprobatrice. Dans cet accoutrement, tu ne risques pas d'être invitée à danser ! C'est à décourager n'importe quel homme de goût !

— On n'y va pas pour danser mais pour rire. Et tu as raison, aucun risque de flirt et c'est tant mieux !

Quant à Julius, il se contenta de sourire. Au fond de lui s'invita même une note de fierté : sa fille n'était décidément pas ordinaire !

Elles s'étaient donné rendez-vous sur la Ringstrasse, face au Burgtheater, pour prendre un tramway en direction du Prater. Matilda était en retard. Elle arriva tout essoufflée. Almah tapota la montre à son poignet, elle faisait le pied de grue depuis un bon moment.

— Excuse-moi Almah ! Je n'en finis pas de trier mes affaires. C'est fou ce qu'on accumule. Je dois me séparer de tant de choses, j'aimerais que tu passes à la maison, il y en a certainement qui t'intéresseront. Des livres, des vêtements, mes patins à glace, par exemple, je ne peux pas les emporter, ils sont trop lourds.

— On ne fait pas la même pointure, je te rappelle. Et pour les livres, je te conseille d'en faire une belle provision, car tu n'en trouveras probablement pas en allemand là-bas, et nos auteurs sont loin d'être tous traduits.

Elles flânaient bras dessus bras dessous dans une allée du Prater à l'ombre des larges ramures des marronniers. Elles parlaient peu, respirant en silence cet air tiède caractéristique de l'été viennois. Elles passèrent devant un homme qui tournait la manivelle de son orgue de Barbarie. Le vieillard paraissait fier de son orgue, un joli instrument flanqué de deux figurines, un homme et une femme en habits d'un autre temps. Sa mélodie mélancolique était assortie à leur humeur. Almah s'arrêta, fouilla dans son sac et laissa tomber quelques schillings dans la coupelle en étain.

— J'ai toujours aimé ces musiciens de rue, ça me rappelle mon enfance.

— Moi, ils me donnent le bourdon. Allez viens, je t'offre un tour dans la grande roue pour fêter nos résultats. Nous l'avons bien mérité.

Elles se dirigèrent vers les attractions foraines du Wurstelprater et dépassèrent le petit théâtre d'Hans Wurst. Almah se revit en compagnie de Teofila, combien de fois avaient-elles applaudi les pitreries des marionnettes. Et la femme à barbe, quelle rigolade, elle s'était bien fait disputer cette fois-là. Ces jours d'enfance étaient si loin.

Elle adorait la Wiener Riesenrad depuis toute petite. De là-haut on voyait toute la ville, le ruban vert du Danube, les palais, les églises, les coupoles, les jardins. C'était un plaisir chaque fois renouvelé, un spectacle à couper le souffle. Almah et Matilda grimpèrent dans l'une des trente nacelles de la grande roue suivies par un trio d'élégantes d'âge mûr qui les saluèrent avec courtoisie. L'une d'elles était accompagnée d'un bambin charmant, un blondinet aux grands yeux bleus, pas plus haut que trois pommes. La cabine commença son ascension et marqua un arrêt au plus haut du parcours. Elle n'était pas suffisamment vaste pour qu'Almah et Matilda échappent aux bavardages des autres passagères.

— Mon petit-fils Konrad, qui a tout juste dix-huit ans, vient de s'engager dans l'*Heimwehr*[17]. Je suis très fière de lui, il va défendre nos valeurs.

— C'est salutaire que des jeunes s'investissent. Il faut remettre de l'ordre dans ce pays.

Soupir.

— Depuis la mort de notre bon empereur, rien ne va plus !

Nouveau soupir.

— C'est vrai que la mainmise des forces de gauche sur la politique est inquiétante. Souvenez-vous des combats de rue et de l'incendie du palais de justice après l'acquittement de nos militants… Jusqu'où toute cette violence va-t-elle nous mener ?

— Dommage que Monseigneur Seipel ait dû démissionner, c'était un homme intègre, il a fait du bon travail.

— Moi ce qui m'inquiète plus que tout, c'est cet afflux incessant des Juifs de l'Est. Mon mari dit que c'est une menace. Ils ne sont pas comme nous. Vous avez vu à quoi ils ressemblent avec leurs pelisses noires tachées de graisse, leurs barbes et leurs cheveux longs et sales… Ils s'entassent dans des logements insalubres avec leur marmaille, ils imposent leurs coutumes, leur cuisine, ils ne parlent même pas notre langue !

— Vous avez raison ma chère, ils sont partout, de plus en plus nombreux, et pas seulement à Leopoldstadt. Il paraît qu'il y en a plus de 150 000 rien qu'à Vienne[18] !

Frisson des épaules et grimace de dégoût.

---

17. L'*Heimwehr* (Garde locale) était un groupe paramilitaire nationaliste en Autriche dans les années 1920 et 1930, idéologiquement comparable aux *Freikorps* nationalistes allemands.

18. Recensement 1934 : 191 481 Juifs en Autriche, dont 176 034 à Vienne.

— Savez-vous comment on appelle Leopoldstadt maintenant ? Mazzesinsel ! L'îlot de pain azyme !

— Et le Ring ? Zionstrasse !

Ricanements.

— Il paraît qu'Oscar von Lobkowicz a rompu ses fiançailles avec la petite Eberhart. Il se trouve qu'elle est à demi juive, du côté de sa mère, paraît-il. Ça risquait d'empêcher sa carrière diplomatique.

Mine apitoyée.

— Figurez-vous que l'autre jour, j'ai appris qu'Ida Fischer en était une, une Juive, bien cachée sous ses cheveux blonds et ses yeux clairs.

Sourcils froncés, bouche en O.

— Mon Dieu ! Vous en êtes sûre ? Ida Fischer est juive ?

— C'est ce que m'a confié Magda Hofman. Une Youpine !

— On ne peut se fier à personne. Où va-t-on ? Mais où va-t-on ?

Almah avait blêmi. Elles étaient prisonnières de la nacelle, il n'y avait pas moyen d'échapper à ces propos odieux. Le tour de roue se terminait. Il avait été gâché. Matilda et Almah sortirent avec précipitation, sans accorder un regard aux commères qui continuaient à caqueter.

— Quelles horribles matrones, soupira Matilda. Dire qu'on a donné le droit de vote à des femmes pareilles ! Elles portent aux nues ce Seipel, prêtre, chancelier et antisémite notoire ! Ces propos sur les Juifs sont…

— … tout à fait écœurants ! la coupa Almah.

— Tu vois bien ce qui se trame. Ce n'est pas nouveau et ça ne fait qu'empirer.

Almah haussa les épaules. Matilda insista :

— Rappelle-toi ce qui s'est passé à l'université, il y a deux mois.

Elle faisait allusion à une sévère empoignade entre des élèves juifs et des membres de l'association étudiante Leseverein, qui conjuguait nationalisme et antisémitisme.

— Des querelles de jeunes coqs, rien de plus !

— Je pense que mon père a bien fait de prendre la décision de partir. Vous devriez y songer vous aussi, crois-moi.

— Tout cela, ce ne sont que des opinions malveillantes de personnes mal informées. Et stupides de surcroît. Mon père adore son travail à l'hôpital, il dirige son service depuis plus de quinze ans, il n'est pas menacé. Tous ses amis sont ici, notre famille aussi. Maman est suivie par le docteur Freud. Il est juif lui aussi et il ne part pas que je sache ! Mes parents n'accepteront jamais de s'exiler, pour aller où d'ailleurs ? Trop de choses les attachent à Vienne. Quant à moi, parfois je ne sais plus quoi penser. Peut-être que ça me plairait, l'Amérique. Mais de toute façon, il n'en est pas question.

Les deux jeunes femmes s'installèrent à la terrasse d'un café pour digérer ce qu'elles venaient d'entendre. Almah tomba dans un abîme d'hésitation devant la longue carte des pâtisseries et finit par commander sous le regard amusé de Matilda. Malgré tout, elle restait amère.

— Nous avons été lâches. Nous aurions dû leur dire à ces vieilles rombières que nous sommes juives nous aussi, tout comme leur Ida Fischer !

— N'y pense plus, s'il te plaît. Ne nous gâchons pas l'après-midi pour de vieilles pies acariâtres. Profitons de chaque instant passé ensemble.

Matilda avait raison. De cet après-midi, qui avait comme un avant-goût de l'adieu, Almah voulait savourer la moindre minute. Quand leur commande arriva, ses yeux brillaient de convoitise.

— Si Zweig avait été une femme, remarqua-t-elle, il n'aurait pas appelé les cafés des palais pour fainéants mais pour gourmandes ! Rien de tel qu'un *Franziskaner*[19] et un *Apfelstrudel* pour se réconcilier avec la vie. Crois-moi, ça aussi ça te manquera en Amérique !

Le soir même, Almah relata à son père leur lamentable rencontre de l'après-midi et l'ignominie des propos qu'elle ne parvenait pas à se sortir de la tête. Julius n'eut pas de mots assez durs pour fustiger les imbéciles. Les alarmistes et ceux qui choisissaient de fuir à la moindre alarme, comme le père de Matilda, étaient des couards. Dans les situations difficiles, il faut faire face. La preuve, Freud, Werfel, Ehrenstein, Zweig, Salten, Kraus et tant d'autres intellectuels juifs ne désertaient pas. Toute cette écume, ça allait se dissiper, les choses allaient se tasser et revenir à la normale, dès que l'économie irait mieux et que la prospérité reviendrait, là-dessus aucun doute. Si justement, un doute... La fable de la grenouille de Goltz, qui faisait le tour des cercles, n'était jamais loin. En étaient-ils là ? Prenait-il des risques, exposait-il sa famille, endormi par une hostilité qui montait lentement, lentement...

Almah avait l'impression de suivre le labyrinthe des pensées de son père. Elle était ébranlée. C'était la

19. Un café léger recouvert de chantilly et saupoudré de miettes de chocolat.

première fois qu'elle voyait Julius aussi vindicatif sur le sujet. Était-il aussi sûr de lui qu'il voulait le lui faire croire ? Cherchait-il à se convaincre lui-même ? Elle se dit que, peut-être, derrière ses propos véhéments, se cachait l'embryon de la peur. Elle eut le sentiment fugitif que son monde paisible était devenu fragile et qu'il pouvait s'effondrer.

Brooklyn, le 4 août 1931

Ma très chère Almah,

J'espère que cette lettre te trouvera en pleine forme.

Tu avais raison, figure-toi que j'ai eu le mal de mer tout au long de la traversée. Ça ne restera pas un bon souvenir ! La mer était grosse et j'ai passé mon temps nauséeuse entre une chaise longue sur le pont et la couchette de ma cabine.

Je digère le choc de mon arrivée.

D'abord notre débarquement à Ellis Island, toute la paperasserie et les tests médicaux auxquels nous avons dû nous soumettre au milieu d'un tas d'émigrants, miséreux pour la plupart... Quelle rude épreuve ! Beaucoup sont refoulés ou placés en quarantaine. Heureusement nous étions en règle et en bonne santé, donc acceptés !

Pour être honnête, je m'imaginais New York tout autrement. Tout ici paraît immense, gigantesque.

Les buildings de Manhattan sont très sobres et impressionnants de hauteur, on ne voit presque pas le ciel, mais ils sont loin d'avoir l'allure noble de nos palais. J'imagine que pour un architecte comme mon père c'est exaltant. À les côtoyer chaque jour, j'en viens cependant à me demander si notre belle Vienne n'est pas un peu trop boursouflée d'ornementation.

La chaleur est lourde, humide, bien loin de l'air frais et sain de nos étés autrichiens. Je transpire beaucoup, c'est parfois difficile à supporter. Ici il n'est pas question de flâner, les gens sont si nombreux, ils marchent dans la rue à toute vitesse, pressés et sans grand égard pour les autres, animés par l'urgence de leur « business ».

Et pour la nourriture, figure-toi qu'ils ont adopté nos sandwichs qu'ils ont baptisés hamburgers et hot dogs ! Ils ont tout simplement arrangé des recettes allemandes. J'ai découvert le club-sandwich, un triangle de pain de mie à deux étages garni de poulet, de lard, de tomate et de salade verte, et le Coca-Cola, une boisson gazeuse très sucrée dont je sens que je vais devenir une adepte. Les cafés modernes, acier et moleskine, n'ont rien à voir avec nos Kaffeehäuser chéris, et leur café c'est du jus de chaussette ! Je m'habitue petit à petit et j'oublie le goût de la crème fouettée.

La communauté de langue allemande est importante et il n'est pas rare de croiser des compatriotes. Quant aux Juifs, ils sont ici très présents et tiennent comme à

Vienne le haut du pavé. D'une manière générale, les gens sont bien moins collet monté que chez nous, plus directs dans leurs manières, les contacts sont faciles, et c'est très agréable.

Nous sommes installés chez de lointains cousins qui possèdent une grande maison à Brooklyn, de l'autre côté du fleuve Hudson, face à Manhattan, mais c'est provisoire. Maman recherche notre futur appartement. Je l'accompagne dans ses visites, ce qui me permet de me familiariser avec la ville que je n'ai pas encore eu le loisir d'explorer, à part le grand parc central qui est très relaxant. J'espère que nous trouverons à nous loger à proximité.

Dernière chose, et non des moindres, les Américains, eux, sont bien comme je les imaginais, beaux garçons, costauds, pleins de santé. Les Irlandais du moins, et ce sont ceux qui me plaisent le plus. Mais comme ils sont catholiques, ça n'est pas gagné.

Je me suis inscrite dans une école d'anglais pour des cours accélérés, ce n'est pas si difficile et d'ici quelques semaines je compte bien être parfaitement « fluent » ! J'ai commencé les formalités d'inscription à la faculté et je devrais reprendre les cours début septembre.

D'ici là, nous serons chez nous, je te ferai signe et j'espère que tu pourras me rendre visite avant la fin de l'année. Nous irons nous encanailler dans des clubs de jazz, ça te changera de l'Opéra !

Ma très chère Almah, je t'embrasse de tout mon cœur. Donne-moi vite de tes nouvelles.

Big kisses from Matilda, your friend forever.

Vienne, le 20 août 1931

Ma chère Matilda,

Je suis heureuse que tes premiers pas en Amérique se passent bien et que les perspectives soient bonnes. Tout ce que tu me racontes me paraît très excitant. Ta vie est certainement beaucoup plus amusante que la mienne avec toutes ces découvertes. De mon côté, je n'ai pas grand-chose à te raconter, la vie suit son cours plutôt tranquille.

Tout me paraît terne depuis ton départ. C'est l'été le plus triste depuis longtemps, puisque tu es loin. Je suis nostalgique de nos randonnées à vélo dans la campagne viennoise, de nos fous rires et de nos commérages. On ne peut pas dire que je rigole beaucoup avec Heinrich.

Pour lui rendre justice, il voit bien que je suis morose et il tente tout ce qu'il peut pour me distraire. Je me suis mise au tennis avec lui, il prétend me donner des leçons. Mais il n'est pas si bon joueur qu'il le croit. Il m'emmène souvent me promener en voiture et continue à me sortir le soir.

Il m'a même invitée à Bayreuth où nous avons vu Parsifal. Il était déçu que Karl Muck n'en assure plus la direction, cette nouvelle version ne l'a pas convaincu. Moi, j'ai trouvé les décors et les costumes si ternes et élimés que c'en était pitoyable. J'aurais préféré aller à Salzbourg. Strauss contre Wagner ! Bref, ce ne fut pas un séjour très réussi, d'autant que je craignais à tout moment qu'il ne me fasse une déclaration, une demande en bonne et due forme, mais non. Il faut lui reconnaître de la retenue et de la patience, et c'est tant mieux car pour l'instant je n'ai pas le courage de mettre les choses au point avec lui. Je crains une brouille entre nous, et pire, entre nos deux familles. À force de ne rien dire, c'est comme si je l'encourageais. Je sais que je suis lâche et d'une certaine façon malhonnête, que la loyauté voudrait que je lui ouvre les yeux, pour qu'il puisse se sentir libre de courtiser d'autres jeunes filles. Mais je me sens engluée dans cette relation, et je profite de tout ce qu'il me propose avec un sentiment de culpabilité qui empire avec le temps. Car plus les choses s'étirent, plus tout le monde se méprend sur la nature de notre relation, tout le monde sauf moi. J'espère toujours qu'un miracle va se produire, qu'il va tomber amoureux d'une autre, ou que je vais être foudroyée par une rencontre... Bref, Heinrich, c'est LE sujet épineux de ma vie.

Ma mère revient d'un séjour dans un sanatorium suisse où elle a respiré le bon air des Alpes. Cette année, nous avons donc décalé notre séjour à Baden à la fin août. Ces vacances en famille, entre la mienne et celle d'Heinrich, me pèsent de plus en plus. J'ai l'impression d'être épiée en permanence.

J'ai rempli ma valise de lectures : Vienne au crépuscule, Les Désarrois de l'élève Törless, Les Cahiers de Malte Laurids Brigge, L'Arrière-Saison d'Adalbert Stifter qui raconte la relation d'amour entre un fils et son père (ça m'éclairera peut-être sur ma relation fusionnelle avec le mien). J'ai trouvé chez un bouquiniste deux livres fort intéressants : Genre et culture de Rosa Mayreder, qui traite de la discrimination des femmes et Le Travail des femmes de sa complice, Marianne Hainisch, celui-là c'est pour conforter notre projet de cabinet dentaire ! J'imagine que tu ne les trouveras pas là-bas. Je te les enverrai dès que je les aurai terminés.

J'attends la rentrée universitaire avec impatience, mais je l'appréhende aussi car sans toi je n'ai plus trop le goût à l'étude. Seule la perspective de notre future association me motive.

Cet automne, je compte bien aller écouter une lecture de Karl Kraus, j'ai tellement entendu parler de sa fascinante liberté de parole, et j'ai très envie de l'entendre railler les faux-semblants de notre époque.

J'espère que tu vas bientôt rencontrer l'Américain de tes rêves, irlandais ou pas ! J'ai hâte que tu me racontes d'autres épisodes de ta nouvelle vie.

Je t'embrasse très fort,
Almah

Chaque jour Almah guettait le courrier. Trahissant leur serment, Matilda ne répondit pas à sa lettre. Leur amitié ne représentait donc rien pour elle ? L'avait-elle oubliée dans les bras d'un bel Irlandais ? Almah lui écrivit une seconde lettre, en espérant que leurs courriers se croiseraient quelque part dans l'océan.

Les semaines passaient. Rien ne vint.

Octobre 1930
Une monstrueuse injustice

La lettre lui avait brûlé les doigts. Teofila la jeta sur le petit plateau d'argent dévolu à la correspondance posé sur la console de la réception, comme on se débarrasse d'une saleté. Elle hésita avant de se décider à gravir l'escalier jusqu'à la chambre de Madame. Elle frappa à la porte, tendant l'oreille sur le silence. Hannah murmura un faible « Oui » en guise d'invite. Teofila entra, presque sur la pointe des pieds. Hannah était à demi allongée sur sa méridienne, face à la fenêtre, un livre posé contre sa poitrine. Elle tourna la tête vers la domestique qui triturait avec un embarras évident la collerette de son tablier blanc raide d'amidon. Devait-elle lui dire, oserait-elle ?

Le silence s'étirait, Hannah finit par percevoir le malaise de Teofila.

— Que se passe-t-il, Teofila ?

— C'est une lettre, Madame, une lettre pour Almah...

— Eh bien, portez-la donc dans sa chambre, ma fille !

— C'est que... elle vient d'Amérique !

— Il s'agit probablement d'une lettre de son amie Matilda. Ce n'est pas trop tôt, cela fait des semaines qu'elle se morfond à attendre le courrier. Je ne vois pas en quoi cela me concerne, s'impatienta Hannah.

— Je crois que... Je... je vais la chercher, Madame !

Teofila repartit aussi silencieusement qu'elle était arrivée. Hannah soupira. Cette Teofila, toujours à faire des montagnes d'un rien. Elle était gentille, mais parfois un peu empotée, godiche même. Enfin, c'était tout de même une brave fille, dévouée corps et âme à la famille, là-dessus rien à redire. La bonne refit irruption dans la chambre. Elle s'approcha d'Hannah et lui tendit la lettre sans un mot. Hannah comprit aussitôt. Elle était liserée de noir. Adressée à Almah. Avec un timbre américain et un cachet de... Hannah pencha son nez dessus... New York. Bon sang ! Est-ce que... Quelques semaines plus tôt, Almah s'était plainte de ne pas recevoir de courrier de Matilda – son amie n'avait pas répondu à ses dernières lettres –, puis elle avait cessé de se plaindre, pour se languir en silence, résignée au mutisme de Matilda qui l'avait sans doute oubliée. Hannah eut un horrible pressentiment. Et une terrible crise de conscience, écartelée entre son honnêteté et son devoir de mère, bourrelée de scrupules. Pouvait-elle ouvrir un courrier adressé à sa fille ? C'était contrevenir à tous ses principes d'éducation. Mais s'il s'agissait de ce qu'elle redoutait, pouvait-elle laisser Almah affronter une mauvaise nouvelle sans l'y avoir préparée ? Elle congédia Teofila d'un signe du menton.

— Vous pouvez disposer, Teofila. Vous avez bien fait de me prévenir. Ne dites rien à ma fille s'il vous plaît.

Hannah s'en voulut de ses pensées peu amènes sur la domestique. Elle avait tort, Teofila était fine et attentive, elle le lui dirait. Hannah décida d'attendre le retour de Julius pour prendre une décision. Dans les situations délicates, ils faisaient toujours front ensemble.

Julius avait décidé. Ils n'ouvriraient pas la lettre mais demanderaient à Almah de l'ouvrir en leur présence.

— Vous la lui donnerez, Julius. Moi, je n'ai pas le courage.

Ils attendirent le dîner. Qu'Almah soit assise à sa place, face à sa mère. Julius toussota, puis tendit le courrier à sa fille, Almah, ma chérie, tu as reçu une lettre. Almah eut un sourire de triomphe puis pâlit en la saisissant. Sa main se mit à trembler. De son ongle elle tenta de soulever le rabat, c'était bien collé et elle s'y reprit avec la pointe de son couteau. À l'intérieur, il y avait un feuillet, plié en quatre, accompagné d'une carte imprimée, un faire-part. Les mots dansaient. Une danse macabre. Almah leva des yeux presque étonnés sur ses parents.

— Matilda et ses parents sont morts... un accident de voiture... un camion leur a coupé la...

Elle ne put finir sa phrase, un sanglot laboura sa gorge et s'échoua sur ses lèvres. Julius se leva et entoura les épaules de sa fille de son bras, tandis qu'Hannah se saisissait de sa main qui tenait encore la lettre et la serra très fort. Almah sourit à travers ses larmes :

— Dire que j'ai cru qu'elle m'avait oubliée ! J'ai honte d'avoir douté d'elle !

Elle éclata en gros hoquets râpeux, avant de se lever et de courir vers sa chambre. Julius lui emboîta le pas, Hannah s'interposa.

— Laissez-la seule un moment, Julius. Elle a besoin de réaliser. Après vous pourrez tenter de la consoler.

Teofila entra dans la salle à manger, un plat de *schnitzels* entre les mains.

— Nous ne dînerons pas ce soir, Teofila. Préparez un bouillon de légumes pour Almah, voulez-vous. Vous le lui monterez dans sa chambre. Vous m'en donnerez aussi un bol, et gardez une escalope au chaud pour Monsieur.

C'était la première perte de la vie d'adulte d'Almah. Avant il n'y avait eu que de vagues cousins qui ne comptaient guère. Et sa grand-mère Milena. Almah pensait à elle chaque jour. Mais une grand-mère s'en va, c'est dans l'ordre des choses.

En revanche qu'une jeune fille de vingt ans meure, dans un accident, à cause d'un chauffard, ce n'était pas dans l'ordre des choses. C'était une monstrueuse injustice, un aveuglement de la vie. Matilda avait tant de choses à vivre, des études à terminer, un cabinet dentaire à ouvrir, un bel Irlandais à séduire, une amie d'enfance à chérir...

Vraiment Matilda, c'était bien la peine de quitter Vienne, pour finir sous les roues d'un chauffard. Le destin s'est moqué de toi, et si cela a une signification, quelle est-elle ? Almah eut beau se creuser la tête, elle ne trouva aucun sens à la mort de Matilda.

Elle prit deux décisions.

Fini d'espérer en un dieu, elle en avait terminé avec une quelconque piété. Désormais, elle ne se soucierait plus de religion. Se rangerait à la vision de Nietzsche, alimenterait sa force vitale en y intégrant le négatif dans le positif. Elle allait relire Kant et même Schopenhauer. Et inutile d'en parler à ses parents, elle ne supportait les rares traditions religieuses qui perduraient dans leur foyer que par respect pour eux.

Matilda n'était pas morte, elle vivait dans un ailleurs et resterait toujours à ses côtés. En conséquence, jamais elle n'irait visiter sa tombe, car cette tombe n'était rien.

1931
La bague au doigt

Heinrich lui avait proposé d'être sa cavalière au mariage d'un de ses anciens condisciples. Rudolph Wanheim, l'héritier d'une florissante entreprise de papeterie, épousait Elsie Strauber, dont le père était un avocat réputé pour ses accointances socialistes. Almah s'était convaincue que ce serait amusant. D'abord l'endroit. Les magnifiques salons de l'hôtel Impérial. Ensuite la compagnie, triée sur le volet, le meilleur monde.

Dans la voiture qu'Heinrich conduisait d'une main sûre vers le Ring, Almah se surprit à le dévisager. Il avait hérité de sa mère son nez un peu court pour un garçon, qui contrastait avec sa mâchoire affirmée et lui donnait un air presque veule. Ses cheveux blonds coiffés avec une raie bien franche soigneusement gominés. Son profil déterminé. Son cou trapu. Était-il beau ? Almah ne se posait jamais la question, Heinrich était Heinrich, voilà tout. Mais à en croire les regards féminins qu'elle surprenait sur lui, il n'était pas dénué d'attraits. Va pour le charme très germanique d'Heinrich ! En tout cas, il était toujours d'une parfaite élégance, la brigade du pantalon sans un faux pli, comme elle le surnommait en secret. C'en était d'ailleurs fatigant, car elle-même devait toujours être à la hauteur quand elle sortait avec lui. Il se permettait parfois un conseil où elle notait un soupçon d'arrogance, une écharpe bleue te flatterait, ou une remarque, des chaussures à talons hauts auraient été plus seyantes avec cette robe. Cela la désobligeait et elle le rabrouait, Je ne suis pas une fleur que tu arbores à ta boutonnière, Heinrich, ni une décoration, encore moins un trophée, Je suis comme je suis, votre majesté, l'arbitre des élégances viennoises ! Heinrich riait, Alors je te prends comme tu es, et ça n'allait jamais plus loin.

Ils furent accueillis par les parents de Rudolph. Heinrich s'inclina, puis :

— Almah Kahn, ma...

Il hésita une fraction de seconde. Almah se retint de le fusiller du regard, mais elle lui coupa l'herbe sous les pieds en terminant sa phrase :

— ... son amie d'enfance, car figurez-vous que nous nous connaissons, Heinrich et moi, depuis ma naissance. N'est-ce pas Heinrich ? Bonsoir Madame Wanheim, je suis enchantée de faire votre connaissance...

Heinrich hochait la tête, confus, tandis qu'Almah arborait un petit sourire satisfait. Surtout ne pas le questionner, ne pas lui demander ce qu'il s'apprêtait à dire. La réponse aurait pu le gêner, lui, et lui déplaire à elle. Le moment n'était pas encore venu, ni pour lui de la présenter comme sa fiancée, ni pour elle de le remettre à sa place. Ce soir, ils étaient là pour s'amuser et fêter Elsie et Rudolph.

Plus tard dans la soirée, après le repas, après le champagne, les discours et les toasts, Heinrich rejoignit Rudolph dans un salon où les hommes s'isolaient pour fumer leur cigare en échangeant des considérations sur la situation politique qui les préoccupait. La question sur toutes les lèvres étant : comment l'Autriche, avec ses six millions d'âmes, allait-elle s'en sortir, quand l'empire en avait compté plus de cinquante avant d'être démembré ? Quel poids le pays pouvait-il désormais peser dans le concert des nations ?

— Alors, mon cher Heinrich, à quand ton tour ? Quand vas-tu passer la bague au doigt de la belle Almah ? demanda Rudolph en faisant étinceler son alliance toute neuve. Il est temps de mettre fin à tes aventures sans lendemain.

— Rien ne presse. Figure-toi qu'elle s'est mis en tête de terminer ses études de dentisterie.

— Une femme moderne !

— Une cabocharde, oui ! Enfin, ce n'est qu'une formalité inscrite dans le marbre depuis notre enfance ! Nous nous connaissons depuis si longtemps. Nos deux familles sont parfaitement accordées, du même niveau social, nos pères très liés.

— On n'épouse pas une famille, ni un niveau social, mais une femme que l'on aime, dont on veut faire la mère de ses enfants. Regarde-moi, je vis une folle romance avec Elsie, et si j'avais dû considérer la fortune de son père ou ses opinions, je ne crois pas que…

— La fortune des Kahn ne m'intéresse pas, quoique Julius ait une sublime collection d'œuvres d'art. Mais tu sais, l'art et moi… Trêve de discours, allons danser !

De son côté, Almah s'était laissé entraîner dans une succession de valses romantiques. Si elle avait eu un carnet de bal, il eût été plein. Heinrich l'arracha à ses soupirants de pacotille. Elle tournait, les yeux clos, abandonnée dans ses bras. Il la regardait, ne doutant pas une seconde qu'elle fût amoureuse de lui. Leurs familles, liées par de longues années d'amitié, n'attendaient que ça, l'annonce de leurs fiançailles. Il y avait tant de liens entre eux, leurs souvenirs d'enfance communs, l'aura de sa réussite professionnelle et sociale, l'entreprise familiale, les fameux magasins Heppner du Graben qu'il avait agrandis avec succès, cet héritage qu'il avait su faire fructifier. Heinrich n'était pas comme ces jeunes dilettantes qui se contentaient de vivre des rentes de leurs aînés, écumant les cafés pour y éplucher la presse entre deux parties de billard et fréquentant bal après bal. Il était fier de lui, de sa réussite, à juste titre.

Almah avait démarré ses études supérieures, des études qu'il réprouvait, sans lui demander son avis. Il aurait préféré qu'elle se consacre à l'art ou à la littérature, et, si elle tenait à travailler, un métier d'enseignante ou du secrétariat. La dentisterie, quelle idée saugrenue, c'était bien d'elle ! Elle savait pourtant qu'elle n'aurait jamais à se préoccuper de gagner sa vie. Quoique, avec la faillite récente de la Creditanstalt et l'effondrement de la Bourse autrichienne, on ne pouvait jurer de rien et surtout pas de l'avenir. Heinrich se reprit, ne penser qu'à l'instant présent. Il resserra son bras autour de la taille d'Almah. Il pencha son visage vers le sien et osa un baiser furtif en direction de ses lèvres. Almah détourna la tête, le baiser atterrit sur sa joue. Elle regarda Heinrich en fronçant les sourcils, sans s'arrêter de valser.

Heinrich sourit, sûr de son fait. Elle le taquinait comme à son habitude.

Qu'un homme puisse la lui prendre, Heinrich ne l'envisageait pas. Il n'était même pas jaloux de ces jeunes étudiants qui tournaient autour d'elle, ce n'étaient que des enfantillages. Il savait qu'Almah était la joie de vivre de Julius et culpabilisait à l'idée qu'une fois qu'elle serait partie la maisonnée de Hietzing tomberait dans un morne ennui. Il laisserait les Kahn profiter de leur rayon de soleil encore un peu, encore quelques mois. Il avait déjà pensé à la bague de fiançailles qu'il allait lui offrir. Pas un vieux bijou de famille, comme le souhaitait sa mère, mais une bague moderne, comme elle, peut-être une pièce unique qu'il ferait exécuter par un joaillier renommé, sans doute Brüder, le bijoutier le plus cher du Graben.

Heinrich n'aurait pu imaginer que, portée par la musique, Almah rêvait à cet homme inconnu qu'elle rencontrerait un jour, qui envahirait chacune de ses pensées, qui la rendrait folle de désir. Le rêve confus du grand amour qui n'allait pas manquer, elle en était sûre, de croiser sa route. Qu'elle se voyait en aventurière, en amoureuse éperdue, elle ferait une fugue à l'étranger, elle parcourrait le monde, audacieuse et résolue, avec un artiste sans le sou, ensemble ils braveraient l'inconnu avec leur amour fou pour tout bagage…

Elle avait cru que peut-être ce grand mariage, avec tous ces invités, lui réserverait une bonne surprise. Mais non. Elle n'y avait croisé personne, à part de jeunes godelureaux assez présomptueux et pas très intéressants. Partie remise ! se dit-elle en tournoyant de plus belle. Rien à redire, Heinrich était un bon valseur, il la guidait parfaitement. Aux yeux de tous, ils allaient si bien ensemble. Leur relation continuait de se tisser sur un mode équivoque qui laissait croire à une intimité plus grande qu'elle ne l'était en réalité. Dans cette ville pas si grande où chacun connaissait tout sur chacun, cela n'avait échappé à personne.

Certes elle aimait beaucoup Heinrich, mais elle était sûre de ne pas l'aimer de cet amour de conte de fées dont elle rêvait. Contrairement à ce qu'il pensait, ils n'étaient pas si bien assortis. Il avait ce côté conservateur, cette conception si bourgeoise de la place de la femme dans la société qu'elle abhorrait. Tiens, par exemple, ses études de dentisterie, eh bien il ne les approuvait que du bout des lèvres, en fait il les désapprouvait sans oser le dire.

Almah devait mettre fin à cette mascarade, un peu de courage que diable ! Le plus tôt serait le mieux. Parler à Heinrich n'était pas si compliqué.

Avril 1932
Un architecte, un écrivain ?

Heinrich renouait pour la troisième fois le nœud de sa cravate devant son miroir. Il fallait qu'il soit impeccable.

Almah peinait à fermer le collier de perles prêté par Hannah.

Heinrich piqua une épingle à tête de rubis dans sa cravate.

Almah fit glisser le fermoir du collier jusqu'à sa nuque. Les perles coulaient dans son encolure à la naissance de ses seins, c'était assez sensuel.

Heinrich se donna un dernier coup de peigne pour lisser ses cheveux gominés.

Almah fit mousser son chignon dans lequel Teofila avait semé des perles. Élégant sans être guindé.

Heinrich s'aspergea d'eau de toilette. Avec modération.

Almah mit une goutte de parfum derrière chacune de ses oreilles, puis pressa ses poignets l'un après l'autre contre le bouchon du flacon ainsi qu'Hannah le lui avait appris.

Heinrich recula de deux pas et se contempla en pied dans la glace. Ses chaussures brillaient comme un miroir. Parfait.

Almah se retourna de trois quarts. Le miroir en pied à trois faces lui renvoya son image. Cette nouvelle robe à taille basse lui allait bien. Elle chaussa ses escarpins à hauts talons.

Heinrich consulta sa montre. Il était temps de passer prendre Almah, s'ils ne voulaient pas être en retard.

Almah descendit dans le petit salon pour attendre Heinrich.

— Vous êtes très en beauté, ma chère Almah !

— Vous n'êtes pas mal non plus, mon cher ! répliqua Almah tandis qu'Heinrich refermait derrière elle la porte de sa Daimler double six qu'il avait décapotée. Almah enroula son étole de mousseline autour de sa tête pour protéger son chignon. Elle serait sans doute un peu décoiffée à l'arrivée mais tant pis, c'était bien agréable de circuler tête au vent, une vraie sensation de liberté.

— Je crains que nous ne soyons un peu en retard.

— Tu n'avais qu'à pas faire le beau devant ton miroir ! Ceci dit, c'est très réussi, sobre et recherché !

— Pour une fois que ce n'est pas toi qui me fais attendre…

Leur conversation se poursuivit sur un ton badin. Puis elle devint plus sérieuse. Heinrich s'enquit de l'avancée des études d'Almah, elle lui fit part de ses inquiétudes sur la santé de sa mère, toujours sur le fil du rasoir. Leur relation était naturelle et confortable, tissée dans l'étoffe de leur complicité d'enfance, comme une laine chaude dans laquelle ils s'enroulaient avec plaisir. Ils se connaissaient si bien.

Ce soir-là, Heinrich l'avait invitée au vernissage d'une exposition de la galerie d'Otto Reinke, un des galeristes autrichiens qui avaient le vent en poupe. Il présentait le travail d'un jeune talent prometteur qu'il avait déniché à Graz. Le Tout-Vienne serait là, comme à chacune de ses fêtes, toujours réussies, où se côtoyait tout ce que la capitale autrichienne comptait d'intellectuels, d'artistes, d'oisifs et de riches mécènes. Ce que proposait Heinrich était toujours du meilleur goût, opéras, concerts, expositions, théâtre, lectures, et sans le moindre risque. Il était le seul homme avec lequel les Kahn autorisaient Almah à sortir sans aucune restriction. Lui se flattait de son statut de chevalier servant officiel qu'il considérait comme un privilège acquis. Bien sûr, cela flattait Almah, aucun doute, Heinrich l'adulait et il était sans doute un des meilleurs partis de Vienne. Elle se débattait dans cette espèce de non-dit qui devenait de plus en plus embarrassant, car elle sentait les mailles du filet se resserrer autour d'elle. Elle savait que leurs parents complotaient à un futur mariage. Cela n'avait que trop duré, il lui fallait trouver le courage de mettre les choses au point, elle devait trouver en elle la force de dessiller les yeux d'Heinrich. Mais elle manquait de détermination, car elle savait qu'elle allait tous les décevoir. À ce stade, elle ne pouvait que compter sur un coup de pouce du destin. En attendant, elle allait se pavaner un soir de plus à son bras. Elle n'y pensa plus.

La foule était dense, on avait du mal à approcher des tableaux exposés. Être accrochée au bras d'Heinrich, c'était comme être enchaînée à une ancre. Ça n'avait rien de plaisant de le suivre comme un petit chien. Les gens finiraient par considérer qu'elle lui appartenait et n'avait aucune vie propre. De là à penser qu'elle était une femme simple, casée, il n'y avait qu'un pas. Et nul ne s'aventurerait à la courtiser.

Heinrich repéra Karl Reichelberg, le chargé de relations publiques de la galerie, qui les remercia de leur présence, tout en faisant signe de la main à une connaissance. Karl entoura les épaules de son ami, qui affichait un style un peu bohème, costume sombre et cravate rayée portés avec une décontraction de bon aloi. Un architecte ? Un écrivain ? Il dévisageait Almah et paraissait statufié.

— Wilhelm ! Content de te voir, ça fait un bout de temps ! s'exclama Karl.

Puis, se tournant vers Heinrich :

— Heinrich, je vous présente mon ami Wilhelm Rosenheck, journaliste à la section culture de la *Neue Freie Presse*. Wilhelm, voici Heinrich Heppner, des magasins Heppner… précisa-t-il.

Les deux hommes se serrèrent la main avec une brève inclinaison du chef.

— … et son amie, Almah Kahn.

Le regard du journaliste s'accrocha à celui d'Almah dont les yeux s'agrandirent, étonnés. Il ne souriait pas. Il avait un air grave, presque ému. Almah tendit sa main. Wilhelm Rosenheck la retint dans la sienne un peu plus longtemps que ne l'autorisait la bienséance. Il se passait un phénomène étrange. Il sembla à Almah qu'un champ magnétique perceptible se tissait entre eux, une bulle cotonneuse qui étouffait la rumeur des conversations. Sans avoir rien remarqué, Karl s'emballait sur la cote du peintre qui allait flamber et l'intérêt d'un investissement, à très court terme, soulignait-il.

De sa main libre, Almah tapota l'avant-bras d'Heinrich et dégagea son propre bras. Heinrich l'interrogea du regard, perplexe. Elle lui sourit, puis se tourna vers le journaliste :

— M'accompagneriez-vous au bar ?

Sans attendre sa réponse, elle se fondit dans la foule, amas de robes de soie et de taffetas, de smokings et de costumes trois-pièces, se frayant un chemin jusqu'au bar. Wilhelm Rosenheck la suivait. Ce fut à cet instant qu'elle la sentit.

Intense.

Dévorante.

Impérative.

La brûlure sur sa nuque.

La sensation de chaleur serpenta le long de sa colonne vertébrale, pour se loger au creux de ses reins. Comme une onde de lave ardente. Almah en trembla. Qu'il faisait chaud dans cette galerie ! Elle laissa glisser son étole de soie sur son dos, dévoilant ses épaules, un geste calculé qui n'avait rien d'innocent. Elle repoussa une mèche échappée de son chignon, la replaça derrière son oreille, se retourna à demi, puis fit volte-face devant le bar. Il était là, immobile, pétrifié derrière elle. Almah le détailla, lèvres entrouvertes, comme hypnotisée. Visage volontaire, bien dessiné, cheveux bruns rejetés en arrière, tempes dégagées – elle se fit la réflexion incongrue que cet homme-là perdrait un jour ses cheveux –, regard sombre, intelligent, profond, un regard dans lequel elle crut lire comme un appel au secours. Était-il beau ? Elle n'aurait su le dire. Elle se dégagea de l'emprise de son regard et aspira une grande goulée d'air, comme on reprend son souffle après une longue apnée. *Nil temere*, la maxime que son père lui avait apprise enfant lui revint à l'esprit. Rien à la légère.

— Demandez une coupe de champagne pour moi, voulez-vous ?

Il fit signe au serveur, deux coupes, en tendit une à Almah dont les lèvres s'étirèrent dans un sourire d'enfant comblée. Ils trinquèrent.

— Au succès de l'exposition d'Otto, tenta-t-il avec maladresse.

Sa voix un peu rauque chevrotait. Dieu qu'il était timide ! Ou intimidé ?

— À notre rencontre plutôt, sourit Almah avec aplomb, en le regardant droit dans les yeux.

Elle porta sa coupe à ses lèvres. Elle ne put réprimer une petite grimace, le champagne c'était chic, mais ce n'était pas sa boisson favorite. Elle préférait de loin les petits vins blancs de Styrie, moins doucereux, plus rustiques, plus authentiques. Mais ce champagne-là avait un goût de bonheur. Elle avait l'impression de flotter à quelques centimètres au-dessus du sol, libérée des contraintes de la réalité, dans une exaltation heureuse. De loin, elle vit Heinrich qui fronçait les sourcils en la regardant, l'air de dire, reviens ici Almah. Elle lui adressa un petit signe de la main, tout va bien, pour se retourner vers le journaliste.

— Venez, j'ai repéré un portrait de femme en robe bleue au fond de la galerie. Ce peintre n'est pas mauvais du tout. Vous pourriez me donner votre avis. Mon père est toujours à l'affût des nouveaux artistes, c'est un véritable mécène. Vous êtes critique, c'est bien ça ?

Wilhelm Rosenheck hocha la tête.

— Mon père dit toujours que rien n'est pire que la critique pour aborder les œuvres d'art et que seul l'amour peut les saisir, les garder, être juste envers elles.

Almah se mordit la lèvre, pourquoi avait-elle dit ça ? Pourquoi le provoquer sur son métier ? Wilhelm lui sourit.

— Votre père a raison. Pour ma part, je n'aime pas éreinter un artiste, je ne critique que ce que j'aime.

Almah se mit à pérorer sur Egon Schiele et Klimt, un babillage frivole, juste pour l'impressionner et le retenir près d'elle. Lui, si à l'aise d'habitude en société, ne s'était jamais senti aussi empoté. Il arrivait à peine à articuler trois mots. Il préféra couper court, d'autant que du coin de l'œil il vit Heinrich Heppner se faufiler dans leur direction, sa haute silhouette comme une menace.

— Je vous prie de m'excuser, Mademoiselle Kahn. Je dois écourter la soirée. J'aimerais vous revoir, dans un endroit moins... dans un endroit plus...

— D'accord, après-demain. À 15 heures, dans la grande allée du Prater, devant le kiosque à musique. Au revoir, Wilhelm.

— C'est Wil, pour les amis.

— Au revoir Wil !

Wilhelm Rosenheck prit la main d'Almah Kahn et la garda au creux de la sienne.

Quelques secondes.
Une éternité.
Puis il la porta à ses lèvres.
Almah sut que sa vie venait de basculer.

Le mot de la fin

Ce roman est né grâce à vous, chères lectrices et chers lecteurs. Vous qui avez tant aimé Almah, l'héroïne des *Déracinés*, et qui l'avez suivie depuis ses vingt ans, au fil des quatre volumes de la fresque qui se termine par son départ (j'ai du mal à écrire le mot mort ou décès la concernant) à l'âge vénérable de cent un ans (âge auquel est décédé Luis Hess à qui je suis redevable de cette histoire, car c'est par lui que tout a commencé).

Vous avez été si nombreux à me confier à quel point Almah vous a émus, bouleversés, fait sourire, fait pleurer, fait envisager les épreuves de la vie avec plus de courage et de sérénité. Vous m'avez parlé de sa bravoure, de sa bienveillance, de sa capacité de résilience, de pardon, de sa joie de vivre… Vous m'avez dit qu'elle était un modèle, une amie, un membre de votre famille. Certains sont même tombés amoureux d'elle ! Je pense avec émotion aux mamans qui m'ont envoyé le faire-part de naissance de leur petite Almah, j'en ai même rencontré une… Almah m'habite moi aussi depuis qu'elle est née sous ma plume, et je n'ai jamais, malgré l'écriture d'autres romans, pu tout à fait lâcher sa main.

Mes premiers remerciements vont donc à vous, chères lectrices, chers lecteurs, qui m'avez donné l'envie de raconter l'enfance et la jeunesse d'Almah dans la Vienne des années 1920.

Retourner dans la maison de Hietzing, y croiser Julius et Hannah, assister à la naissance de leur amour, rencontrer Almah bébé, enfant, adolescente puis étudiante, Almah sage, effrontée, avide de savoir, révoltée, indépendante, habitée par une soif d'absolu qui ne la quittera jamais, flâner dans Vienne, m'attarder dans les cafés, y croiser musiciens et écrivains... L'écriture de ce roman a été un bonheur de chaque instant.

Le titre du roman, *Almah*, s'est imposé comme une évidence. Son écriture a été bercée par les symphonies et les lieder de Gustav Mahler, les poèmes symphoniques de Richard Strauss et les sonates de Franz Schubert.

Merci à Sylvie Murelli qui reste ma première lectrice.

Merci à Évelyne Bloch-Dano pour ses *tips* sur Malher.

Un immense merci à la formidable équipe des Escales, qui me soutient depuis le début de cette aventure, Sarah Rigaud, mon éditrice, Marguerite Mignon-Quibel, Anne Laborier, Clara Cantegrel. Merci à Mia, Ambre, Nolwenn, Marie-Christine. Une pensée pour Caroline Laurent et Vincent Barbare.

Merci à l'équipe commerciale d'Interforum qui sillonne les routes pour défendre mes romans.

Merci aux libraires qui continuent à être les hérauts des *Déracinés*, aux organisateurs de festivals et de salons, aux blogueuses et blogueurs pour leurs si jolies chroniques.

Merci de votre fidélité.

On se donne rendez-vous pour une prochaine aventure ?

À bientôt,

Catherine

Pour me contacter :
lesderacines@yahoo.com

Bibliographie et lectures connexes

Bloch-Dano, Évelyne (2021). *L'Âme sœur,* Stock.

De Waal, Edmund (2010). *Le Lièvre aux yeux d'ambre [La Mémoire retrouvée],* Flammarion, 2015.

Freidenreich, Harriet (27 février 2009). « Higher Education in Central Europe ». *The Shalvi/Hyman Encyclopedia of Jewish Women,* Jewish Women's Archive (https://jwa.org/encyclopedia/article/higher-education-in-central-europe).

Freud, Sigmund (1887-1902). *La Naissance de la psychanalyse : Lettres à Wilhelm Fliess, notes et plans,* traduction d'Anne Berman, Presses universitaires de France (PUF), 2009.

Hainisch, Marianne (1875). *Frauenarbeit (Le Travail des femmes),* Österreichische Nationalbibliothek.

Kraus, Karl (1922). *Les Derniers Jours de l'humanité,* traduction de Jean-Louis Besson et Henri Christophe, Agone, 2015.

Mayreder, Rosa (1923). *Geschlecht und Kultur (Genre et Culture),* Mandelbaum, réedition 1998.

Musil, Robert (1906). *Les Désarrois de l'élève Törless,* traduction de Philippe Jaccottet, réedition Le Seuil, 1995.

Rilke, Rainer Maria (1926). *Les Cahiers de Malte Laurids Brigge*, traduction de Maurice Betz, réédition aux éditions Points, 1995.

Roth, Joseph (1932). *La Marche de Radetzky*, présentation et traduction de l'avant-propos de 1932 par Stéphane Pesnel, traduction par Blanche Gidon, Seuil, 2013.

Von Sacher-Masoch, Leopold (1902). *La Vénus à la fourrure*, traduction de Pierre Malherbet, réedition Pocket, 2020.

Salten, Felix (1923). *Bambi, une vie dans les bois*, illustrations de Philippe Jalbert, Gautier-Languereau, 2020.

Schnitzler, Arthur (1907). *Vienne au crépuscule*, traduction de Bruno Dumont, Stock, 2000.

Stifter, Adalbert (1857). *L'Arrière-saison*, traduction de Martine Keyser, Gallimard, 2000.

Wassermann, Jakob (1921). *Mein Weg als Deutscher und Jude (Mon itinéraire comme allemand et comme juif)*, Jüdischer Verlag, 2005.

Zweig, Stefan (1944). *Le Monde d'hier, souvenirs d'un Européen*, traduction de Serge Niemetz, Belfond, 1996.

Zweig, Stefan. *Vienne, ville de rêves*, édition et présentation de Bertrand Dermoncourt, traduction de Guillaume Ollendorff et David Sanson, Bouquins, 2021.

Dernières parutions

Sarah Alderson
Week-end entre filles

M. J. Arlidge
Œil pour œil

Harold Cobert
Le Rouge et le Blanc

Kate Collins
La Maison idéale

Frédéric Couderc
Hors d'atteinte

Claudia Cravens
L'Affranchie

Jonathan Dee
Sugar Street

Laura El Makki
Combien de lunes

Lou Eve
Sous les strates

Dominique Fouchard
La Foire aux fiancés

David Gibbins
L'Héritage d'Atlantis

Emilia Hart
La Maison aux sortilèges

Elin Hilderbrand
Un couple parfait

Victoria Hislop
La Statuette

Honorée Fanonne Jeffers
Les Chants d'amour de Wood Place

Rebecca Makkai
J'ai quelques questions à vous poser

Charlotte Mendelson
Accrochages

Lydia Millet
De l'espoir et autres créatures ailées

Grégory Nicolas
Mes sœurs, n'aimez pas les marins

Heather O'Neill
Perdre la tête

Daphne Palasi Andreades
Les Filles comme nous

Valérie Paturaud
La Cuisinière des Kennedy

Marie Pavlenko
Traverser les montagnes, et venir naître ici

Roland Perez
Ma mère, Dieu et Litzie

Alexis Schaitkin
Autre part

Catherine Shook
Les Magnolias de Myrtle Lane

Catherine Steadman
Jeux en famille

Emma Straub
Demain, même heure

Antje Rávik Strubel
Femme bleue

Akli Tadjer
De ruines et de gloire

Rosa Ventrella
Les Enfants de Haretz

Alice Winn
Les Ardents

Achevé d'imprimer par
Normandie Roto Impression s.a.s.
N° d'impression : 2403568
Imprimé en France